하고 싶다 명강의
되고 싶다 명강사

하고 싶다 **명강의** 되고 싶다 **명강사**

초판 2쇄 발행 2019년 2월 14일

지은이 신동국

펴낸이 김찬희
펴낸곳 끌리는책

출판등록 신고번호 제 25100-2011-000073호
주소 서울시 구로구 디지털로 31길 20, 1005호
전화 영업부 (02)335-6936 편집부 (02)2060-5821 팩스 (02)335-0550
이메일 happybookpub@gmail.com
페이스북 https://www.facebook.com/happybookpub
블로그 https://blog.naver.com/happybookpub

ISBN 979-11-87059-05-9 03190
값 15,000원

상위 1% 명강사의 특급 비밀

하고 싶다
되고 싶다

명강의
명강사

신동국 지음

끌리는책

명강사로 등극하던 날, 난 울었다

칠흑 같은 어둠을 뚫고 새벽에 오른 도봉산 정상. 아무도 없는 그곳에서 나는 목청껏 소리 내어 외쳤다.

"나는 할 수 있다! 나는 할 수 있다! 나는 할 수 있다!"

내 외침은 메아리가 되어 도봉산 전역에 울려퍼졌다. 스무 번 넘게 외쳤을까. 내 감정에 복받쳐 뜨거운 눈물이 흘러내렸다. 이제 막 정상에 올라와서 그 광경을 보던 등산객이 한마디 했다.

"무슨 일인지 몰라도 꼭 해내실 겁니다. 힘내세요!"

강사들의 꿈과 희망, 명강사! 현재 강의를 하고 있는 분이라면 누구나 명강사를 꿈꾼다. 누구나 할 수 있지만, 아무나 되지 못하는 것이 바로 명강사다. 그만큼 명강사가 되는 길은 피땀 어린 노력과 수련이 필요하다.

교육과학기술부 산하 (사)한국강사협회에서는 매년 일정 수준의 자격을 갖춘 사람을 명강사로 선정하여 발표하는데, 그 명단에는 장경동 목사, 김미경 강사 등 우리나라를 대표할 만한 고수들이 즐비하다. 그만큼 검증된 인물을 명강사로 선정한다. 그렇기에 '그 명단에만 들 수 있다면 얼마나 좋을까' 하는 마음이 너무나 간절했다. 그런 꿈같은 일이 내게도 벌어졌다.

지방 강의를 마치고 서울로 올라오던 어느 날 고속도로를 달리고 있는데 전화가 걸려왔다.

"안녕하세요? 강사협회 사무국장입니다. 이번에 신동국 대표님이 2013년 대한민국 명강사로 선정되셨습니다. 진심으로 축하드립니다."

"네? 정말요? 제가요?"

하마터면 운전대를 놓칠 뻔했다. 내 귀를 의심하지 않을 수 없었다. 오매불망 꿈에도 그리던 명강사가 되었다니…… 강의 세계에 입문한 지 3년이 채 되지 않은 시점이었고, 경진대회에서 그랑프리를 받은 지 2년 만이었다. 날아갈 듯 기쁘기도 했지만, 한편으로는 겁도 났다. 부담도 되었다. '아직 내공이 많이 부족한데 이렇게 큰 타이틀이 내게 어울리는가' 하는 부담을 억누를 길이 없었다.

명강사가 된다는 것이 늘 좋은 것만은 아니다. 명강사가 되는 순간 교만이 고개를 쳐들면 그 강사는 바로 끝장나기 때문이다. 그래서 하늘을 보며 기도했다. '교만이 고개를 들지 못하게 하소서. 늘 겸허한 자세로 지금보다 더 정진하게 하소서.'

2013년 5월 11일 한국강사협회 명강사 초청 세미나. 그곳에서 기적과도 같은 일이 벌어졌다. 바로 내가 대한민국의 내로라하는 명강사들이 지켜보는 자리에서 특강을 했던 것이다. 내가 평소에 존경하던 분들도 많이 참석했는데, 내 강의를 들으며 빙그레 웃던 그분들의 모습을 잊을 수가 없다. 어떻게 이런 일이 일어날 수 있단 말인가! 친구들과 지인들이 지켜보고 있었으니, 얼마나 내 가슴이 뿌듯했겠는가!

이어서 진행된 명강사 인증식! 어느 날 갑자기 실업자가 되어 앞날이 막막했던 사람. 앞길이 보이지 않았고 어디로 가야 할지도 몰라서 바닥부터 박박 기었던 그 사람. 쉰 살 넘어 강의를 시작했던 그 사람이 명강사 패를 받았다. 상패를 받는 순간 지난날이 주마등처럼 스쳐지나갔고, 갑자기 돌아가신 아버지 생각이 났다. 마음속으로 아버지에게 말씀드렸다. '아버지, 이 광경 보고 계시죠? 당신의 둘째 아들이 대한민국 명강사가 되었습니다.' 갑자기 눈물이 왈칵 쏟아져 내렸다. 명강사로 등극하던 날, 나는 그렇게 울어버렸다.

엊그제 일 같은데 벌써 3년이 지났다. 절망감에 휩싸여 있던 내 인생에 한 줄기 빛으로 다가온 것이 바로 '강의'다. 강의는 내 인생의 터닝 포인트가 되어주었다. 과연 내가 해낼 수 있을까 반신반의하며 시작했지만, 강의를 통해 기적을 만났고 인생이 바뀌었다.

생활비를 걱정했던 내가 1년 만에 억대 연봉의 대열에 합류했으며, 대한민국 명강사 경진대회에서 그랑프리를 수상했으며, 명강사의 반열에 올라 전국을 다니며 열강을 하고 있으며, 대학교 강단에서 강의를 하는 일까지 벌어졌고, 기업체나 공무원 교육원, CEO 과정 등에서 끊임없이 섭외가 들어오는 강사가 되었다.

상황이 바뀐 지금, 많은 분들이 내게 도움을 요청하고 있다.
· 강의 업계에 입문하고 싶은데 어찌해야 할지를 모르겠다.
· 사내강사를 하고 있는데 강의 중에 딴짓하는 사람이 많다.
· 책을 쓴 저자인데 출간기념 강연을 어찌해야 할지 모르겠다.
· 강의는 시작했는데 늘 강의 만족도가 높지 않아 고민이다.
· 강의한 지 꽤 됐지만 아직도 수입이 보잘것없다.
· 퇴임을 앞둔 직장인인데 인생 2막을 멋지게 시작하고 싶다.
· 평생 집안일만 한 가정주부인데 강의를 해보고 싶다.

그렇게 도움을 요청한 분들을 위해 이 책을 썼다. 짧은 기간이지만 그동안 겪으며 터득한 비법을 그들과 함께 나누고자 한다. 그 어디에도 공개된 적이 없는 상위 1% 명강사들만의 특급 비밀을 비롯해서 대한민국 명강사 경진대회 그랑프리 수상에 빛나는 나만의 특급 노하우, 강단에 선 지 1년 만에 억대 연봉의 수입을 올리기까지의 생생한 체험담 등을 이 책에 담았다. 이 책에 나오는 비법을 본인의 강의에 탑재한다면 틀림없이 폭발적인 성장이 있을 거라고 확신한다.

2016년 여름 우면산을 바라보며
신동국

차례

4 상위 1% 명강사의 비밀_전략

5 상위 1% 명강사의 비밀 _ 기본

1

꿈을 향한
아름다운 도전

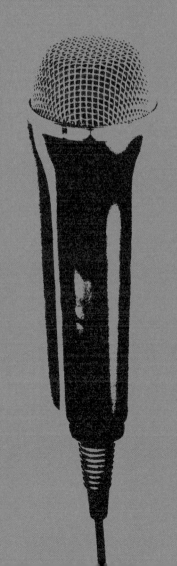

50대 실업자에게 다가온 구원의 빛

어느 날 갑자기 찾아온 실직!

한 가정을 책임지고 있는 50대 남자에게 그것은 커다란 시련이었다. 한동안 분노, 배신감, 절망감에 휩싸여 두문불출하기도 했었다. 엎친 데 덮친 격으로 실직의 아픔이 채 가시기도 전에 또 한 번의 절망에 빠졌다. 재취업의 높은 벽을 온몸으로 체험했기 때문이다. 그래서 마음 한편으로 '내가 꿈꾸던 미래는 이게 아닌데, 내가 왜 취업에 목을 매달고 있나' 하는 회의감이 밀려왔다.

그러던 어느 날, 우연히 TV에서 어떤 강연을 듣게 되었다.

강사가 열정을 불사르며 강연을 하는데, 나도 모르게 거기에 푹 빠져 진한 감동을 느꼈다. 우레와 같은 박수를 받는 강사의 그 모습이 너무 멋져 보였다.

그 순간 '그래, 맞다, 바로 저거다' 하는 생각이 섬광처럼 스쳐지나갔다.

그래서 나는 스스로 질문을 던져보았다.

"내가 진정으로 좋아하는 일이 뭐지?"

"내가 앞으로 열정을 가지고 온몸을 바쳐 할 만한 일이 뭐지?"

내 마음속에서 들려오는 답은 바로 '강의'였다.

내가 잘하면서 즐길 수 있는 일을 어느 날 우연히 엉뚱한 곳에서 찾게 된 것이다.

그 뒤 강사로 활동하는 지인을 만나서 자문을 구했다. 그는 강의의 숨은 매력을 알려주었다.

"강의는 정직하다! 오직 품질로만 승부하면 된다!"

그 말은 내 결심을 굳히게 하는 결정적인 한마디였다.

그래서 나는 강단에 서기로 했다. 강의에 승부를 걸어보기로 마음먹었다.

새로운 세상을 만날 것 같은 기분이 들었다. 하지만 그런 무지갯빛 꿈은 잠시였고 내 앞에는 두 개의 커다란 벽이 가로막고 있었다.

첫 번째 벽은 미지의 세계에 대한 두려움이었다.

강의에 대한 막연한 자신감만 있었지, 사실은 미지의 세계에 대한 두려움이 더 컸다. 어디서부터 어떻게 시작해야 할지 몰랐다. 가르쳐주거나 안내해줄 사람도 없었다. 그러다 보니 얼마나 고생을 해야 할지, 과연 얼마나 버텨낼 수 있을지도 걱정이었다.

두 번째 벽은 다른 사람들의 부정적인 시선이었다.
처음에 강사가 되겠다고 하자 다들 부정적인 반응을 보였다.
"당신 같은 햇병아리를 뭘 믿고 불러주겠어?"
"화려해 보이지만 입에 풀칠조차 하기 힘들 수도 있어."
"무림의 강호들이 즐비한 세계에서 어떻게 버티려고?" 등등.

이런저런 이유로 과연 내가 해낼 수 있을지 반신반의했다.
그러나 난 그냥 강단에 섰다. 어느 세계에서든 성공한 사람이 있고, 그 사람도 처음에는 익숙하지 않았지만 극복해냈을 거라는 진실이 나에게 용기를 주었다. '실력이 부족하면 악으로 깡으로 하면 되지', '남들보다 두 배 더 노력하면 되지 않겠나'라고 생각했다. '그래도 안 되면 세 배 더 뛰면 된다'고 생각했다.
조금 힘들더라도 밀어붙여보자고 다짐하고 또 다짐했다.

막상 강의를 시작하니 넘어야 할 산이 너무 많았다. 강의를 하려면 엄청난 분량의 책을 읽어야 하고, 다양한 강의를 수없이 들어야 하고, 이런 강의 교안(파워포인트로 만든 강의용 슬라이드) 저런 강의 교안도 만들어야 하고, 제안서 작성, 프로필 작성, 동영상 편집, 홍보 마케팅 등 넘어야 할 산이 하나둘이 아니었다. 그러나 누구 하나 나에게 다가와서 친절하게 가르쳐주는 사람은 없었다.

도인이 아닌 이상 한걸음에 산을 넘는 사람은 없다. 제아무리 높은 지리산 천왕봉도 한 발 한 발 올라가야 하고, 그렇게 오르다 보면 어느 순간 정상에 닿게 된다. 오르는 과정이 힘들고 어려울수록 정상 정복의 기쁨도 크다.

그래서 한 걸음 한 걸음 발을 내디뎠더니 어느새 산을 하나씩 넘는 희열을 맛볼 수 있었다. 특히 강의 교안을 하나둘씩 만들어갈 때의 쾌감은 이루 말할 수 없었다. 몸은 좀 힘들었지만 신이 나서 일했던 시간이다.

돌이켜보니, 날벼락 같았던 실업의 시련이 오히려 내게 전화위복이 되었다. 만일 내가 세상 원망만 하고 있었거나 오로지 재취업을 위해 발버둥만 쳤더라면, 지금도 어딘가에서 소주병을 옆에 끼고 시름을 달래고 있을지도 모르겠다.

용기를 내서 강단에 섰더니 다른 세상이 펼쳐졌다. 밥벌이에 목매달았던 생계형 월급쟁이에서 벗어났다. 지금은 나만의 브랜드를 가지고 많은 사람들에게 꿈과 희망을 전하고 있다. 이 얼마나 가치 있는 일인가?

새롭게 다시 태어나리라고 결단했다

강사가 되기로 마음먹고 내 미래의 모습을 상상해보았다. 3년 후 오늘, 나는 어떤 삶을 살고 있을 것인가! 5년 후 오늘, 나는 어떠한 모습이 되어 있을 것인가!

미래를 생각하면서 결단했고, 하나씩 둘씩 행동에 옮기기 시작했다.

첫 번째로 행동에 옮긴 일은 은행에 가는 것이었다.

100만 원을 수표로 찾았다. 그리고 그 수표를 확대 복사해서 집 안 곳곳에 붙였다. 책상에도, 침대 머리맡에도, 천장에도, 거울에도 붙여놓았다. 문에도, 벽에도 붙여놓았다. 이것이 내가 강사가 되기로 결심하고 나서 제일 먼저 실천한 행동이다. '올해 안에 시간당 100만 원의 강사료를 받아보고 싶다'는 목표를 가시화한 것이다. 내 목표에서 한순간도 눈을 떼지 않기 위해서였다.

그리고 날마다 외쳤다. "난 시간당 100만 원을 받는 강사가 된다. 분명히 된다." 내가 생각해도 기가 막히고 허황된 숫자였지만, 분명히 실현되리라는 믿음을 가졌다.

시간이 날 때마다 외쳤다. 특히 어렵고 힘들 때마다 외쳤다. 그렇게 외쳐댔더니 울컥하고 가슴속에서 자꾸만 뭐가 치밀어 올라왔다. 뜨거운 눈물이 주르르 흘러내렸다. 그러면서 결심은 더욱 굳어졌다. "기필코, 기필코 해내리라!" 이런 과정을 거치면서 내 꿈은 점점 더 간절해졌고, 강의 시작 후 1년이 채 안 되어 그것은 현실이 되었다.

두 번째로, 무엇을 포기할 것인지, 그리고 어떠한 대가를 치를 것인지를 분명히 했다. 익숙한 세계를 떠나 새로운 세계로 들어가려면, 과거의 행동이나 습관을 단칼에 끊어내야 한다. 칼로 자르는 듯한 단호함만이 나를 새로운 세상으로 안내해준다.

박태환 선수가 어느 TV 프로그램에 나왔을 때다.
동생이 늘 훈련만 하는 모습이 안쓰러워 누나가 시내에 데리고 갔는데, 박태환 선수는 그때 명동을 처음 구경했다고 한다. 지방도 아닌 서울에 사는 동생이 명동도 처음 보고 스티커 사진도 처음 찍어본다는 말에 누나는 몹시 가슴이 아팠다고 한다. 이처럼 박태환 선수는 자신의 꿈을 이루기 위해 또래 친구들이 누리는 모든 것을 포기해야만 했다. 그랬기에 대한민국 수영 역사에 영원히 기록될 위대한 영웅이 된 것이다. 이처럼 성공을 위해서는 반드시 어떠한 대가도 치르겠다는 결단을 내려야 한다. 나도 내 인생의 모든 것을 걸고 미쳐보겠다는 결단을 했다. 그것도 나이 50이 넘어서.

내 모든 습관을 바꾸리라 결단했다.
내 모든 체질을 바꾸리라 결단했다.
월급쟁이 근성을 완전히 없애리라 결단했다.
내 어깨에 들어간 힘을 빼리라 결단했다.
철저하게 사업가의 마인드로 행동하리라 결단했다.
내 뼛속까지 바꾸리라 결단했다.
과거의 나와 인연을 끊겠노라 결단했다.
완전히 새로이 다시 태어나리라 결단했다.

그래서 아침 7시에 출근해서 밤 10시까지는 무슨 일이 있어도 근무하기로 했다. 남들보다 늦게 시작했으니 조금이라도 더 뛰어야 했다. 10~20년 강의한 분들을 따라잡으려면 '절대 투입량'을 늘리는 수밖에 없었다. '1만 시간의 법칙'이 맞다면 하루 15시간씩 휴일도 없이 몰아쳐야 꼬박 2년이 걸린다.

꿈이 명확하고 치러야 할 대가가 명쾌하니, 해야 할 일은 오직 하나! '달리는 것'뿐이었다.

거침없이 그리고 쉼 없이 달렸다. 완전히 미친 모습, 그 자체였다. 가끔 일찍 퇴근하고 싶은 날도 있었고 도중에 쉬고도 싶었다. 좀 더 자고 싶었고 술도 한잔 먹고 싶었다. 경조사, 동창 모임 등 너무나 많은 유혹이 손짓을 했다. 그러나 돌아보지 않았다. 그 유혹을 못 이겨내면 내 꿈은 물거품이 되리라는 것을 잘 알았기 때문이다.

6개월만 미처보기로 했다

미쳐야 미친다는 말이 있다. 어떤 분야에서든 특출한 성과를 거둔 사람들은 예외 없이 자기가 하는 일에 모든 것을 쏟아붓는다. 초등학교 학력에 회사 사환으로 입사, 15년 만에 대한민국 품질 명장이 된 김규환. 그는 국제발명특허를 60여 개씩이나 갖고 있다. 훈장 두 개, 대통령 표창 네 번, 발명특허 대상, 장영실상 다섯 번을 받았으며, 특히 독학으로 다섯 개 외국어를 구사한다. 비결은 단 하나! 그분은 무슨 일이든 '목숨 걸고 노력하면 안 되는 일이 없다'는 좌우명을 가지고 산다고 한다. 나는 그분이 보여준 그런 전력투구 정신을 본받기로 했다. 그분의 성공 인생을 그대로 복제하기로 했다. 그래서 미쳐보기로 했다. 인생 걸고 6개월만!

나에게는 명강사가 되겠노라는 꿈이 생겼다. 막연하게 명강사가 되면 좋겠다는 식의 희망사항이 아니었다. 반드시 해내고야 말겠다는 간절한 꿈이었다. 너무나 간절했다. 꿈에서도, 현실에서도 단한 번도 그 꿈을 잊어본 적이 없다. 가슴이 뛰고 피가 끓는 목표가생기고 나니 세상이 달라 보였다. 몸 안에도 변화가 생겼다. 어느샌가 내 몸 안에는 열정이란 놈이 들어와서 자리를 잡고 나를 항상 뜨겁게 달궈주었다. 그놈은 밤늦도록 나를 재우지 않았고 이른 아침에는 어김없이 나를 깨웠다. 그래서 달렸다. 있는 힘껏 전속력으로 달렸다. 그 누구도 나의 길을 막을 수 없었다. 그 누구도 나의 꿈을 빼앗을 수 없었다. 인생 걸고 6개월은 앞만 보고 달려보기로 했다. 아무리 힘든 일이 닥친다 해도 그 정도는 해볼 만했다. 재 한 톨 남기지 않고 태우리라 다짐했다.

어떤 강의 교안을 개발할 때였다. 만들고 나서 보니 다소 훈계조의 강의가 된 듯한 느낌이 들었다. 그래서 유명한 전문가의 말도 인용해보았지만 이런 식으로 강의해서는 청중이 지루해할 것이 뻔했다. 그래서 주의를 집중하고 흥미를 유발할 수 있는, 의미 있는 메시지가 담긴 동영상을 찾아보기로 했다. 남들이 쓰지 않는 동영상, 인터넷에 이미 돌고 있는 동영상을 빼고 찾는 것이 미션이었다.

그런데 이 작업은 나 같은 초보자에게는 에베레스트 산보다도 높은 벽이었다. 동영상의 근원지를 찾느라 며칠이 걸렸다. 또 방송국에 들어가서 해당 프로를 다운받느라 며칠이 걸렸는지 모른다. 게다가 동영상 편집의 요령조차 모르던 나는 동영상 하나를 찾고 편집하기까지 수없이 날밤을 새웠다. 그렇게 해서 마침내 하나를 완성하고 나니 그렇게 뿌듯할 수가 없었다.

이런 식으로 초기 6개월 동안 내가 편집해서 만든 동영상은 수백 개에 달했다. 그 어떤 강사보다도 많은 동영상을 확보했다. 초보 강사인 내가 강의를 10년 넘게 한 베테랑 강사보다도 많은, 더구나 남들이 전혀 쓰지 않는 나만의 동영상을 확보한 것이다. 동영상 하나 편집하는 데 걸리는 시간을 감안한다면 얼마나 많은 시간이 걸렸을까? 아마 나에게 열정이 없었더라면 도저히 불가능한 일이었을 것이다.

그런데 강의 슬라이드를 만들기만 하면 뭐하나? 내 강의를 들어줄 사람이 있어야 하는데? 그래서 가격 불문, 지역 불문, 어디든지 달려가서 강의를 해야 했다. 사실 재능기부도 많이 했다. 실전보다 더 좋은 리허설은 없으니까.

때로는 하루 밤 사이에 1500킬로미터를 달리기도 했다. 서울에서 창원으로, 창원에서 변산반도로, 변산반도에서 부산으로, 부산에서 다시 서울로. 정말 어마어마한 이동 거리였다. 당시 강사료는 밝히기조차 부끄러운 수준이다. 돈도 안 되는데 왜 그렇게 죽어라 뛰느냐고 걱정하는 사람도 있었다. 그것은 하나만 알고 둘은 모르고 하는 이야기다.

이렇게 뛰어다니면서 나는 많은 것을 얻었다.

첫째, 나의 강의 교안이 하나씩 완성되었다.

둘째, 가장 확실한 리허설, 청중의 반응까지 보는 리허설을 할 수 있었다.

셋째, 내가 뜨거워지게 되었다.

나는 미래에 대한 믿음이 있었고 열정이 있었기에 몸이 아무리 피곤해도 이겨낼 수 있었다. 이런 과정을 거치면서 나는 하루에 단 몇 센티미터씩이라도 성장하고 있었다.

초기 6개월의 열정은 정말로 중요하다. 비행기 연료가 가장 많이 들어갈 때는 언제일까? 착륙할 때? 아니다. 상공을 날아갈 때? 아니다. 바로 이륙할 때다. 이륙할 때 쉬엄쉬엄 달리면 비행기는 절대 하늘을 날 수 없다. 엄청난 연료를 소모하면서 전속력으로 달려가야 날 수 있다. 일단 이륙하고 나면 하늘을 편안하게 날 수 있다. 궤도에 오를 때까지 전속력으로 매진해야 한다는 것은 세상의 모든 성공 원리다.

강의도 마찬가지다. 일단 결단을 했다면 최소 6개월 동안은 전속력으로 달려가야 한다. 그래야 이륙에 성공할 수 있다. 초기 6개월 동안 몰입과 집중을 하지 않으면 하늘을 날 수 없다. 이륙하지 못하면 정글에서 맹수들에게 바로 잡아먹히고 만다.

그래서 나는 일정 궤도에 진입할 때까지 전속력으로 달려가기로 했던 것이다. 끊임없이 강의 슬라이드를 만들고 책을 읽었다. 쉬지 않고 강의를 듣고 동영상을 편집했다. 변함없이 제안서를 보내고 자료 조사도 했다. 끝도 없이 리허설을 하고 때로는 밤을 하얗게 지새우기도 했다. 그렇게 6개월 동안 전속력으로 달렸더니 어느 순간 이륙을 하면서 변곡점을 돌파하게 되었다. 그 변곡점을 돌파했더니 나는 이미 어제의 내가 아니었다.

일단 강의 콘텐츠가 풍부해졌다.
거래 업체도 늘어났다.
강의 요청도 많아졌다.
통장도 두둑해지기 시작했다.
강의 실력이 일취월장했다.

삼일절 독립선언문에서 말했던가. "오! 신천지가 안전(眼前)에 전개되도다." 내 눈앞에는 분명 신천지가 펼쳐지고 있었다. 나와 비슷한 시기에 강의를 시작한 지인이 늘 하던 말이 있다. "나는 천천히 쉬엄쉬엄 할 거야." 그분은 아직도 제자리에 머물러 있다. 아직도 활주로를 못 벗어나고 있다. 왜 그럴까? 비행기가 쉬엄쉬엄 달려서는 절대 이륙할 수 없는 이치와 똑같다. 세상 어떤 일도 쉬엄쉬엄 해서는 되지 않는다. 더 이상 물러설 곳이 없다는 각오로 배수의 진을 치고 사력을 다해 승부를 걸어야 한다. 아직도 자신이 활주로를 벗어나지 못하고 있다면 '가다가 서고, 가다가 쉬기'를 반복했기 때문은 아닌지 곱씹어볼 일이다.

또한 6개월 동안 몰입을 하면, 어느 순간 생활습관이 바뀐다. 처음에는 힘들고 어려운 일도 습관이 되면 한결 수월해진다. 따라서 처음 6개월은 습관을 바꾸는 기간이라고 생각해야 한다. 인간은 습관의 노예다.

자, 어떤 습관을 선택할 것인가. 실패로 가는 습관의 노예가 될 것인가. 아니면 성공으로 가는 습관의 주인이 될 것인가. 선택은 당신에게 달려 있다.

쉰 살 넘어 밑바닥부터 박박 기었다

점심시간이 한참 지난 늦은 오후, 단골 식당에 갔다가 주인과 말동무를 하게 되었다.

"사장님, 저 옆에 큰 식당이 개업했던데 신경 쓰이시겠어요."

식당 주인이 조심스럽게 말을 꺼냈다.

"그 식당, 오래 못 갈 겁니다."

속으로는 이 양반이 무슨 악담을 이렇게 심하게 하나 생각하면서 물었다.

"아니, 왜요?"

개업 인사를 하러 온 식당 주인과 여러 차례 대화를 나눴다면서,

"그 사람, 아직도 어깨에 힘이 들어가 있습니다. '나, 이런 거 할 사람 아닌데' 하는 의식이 몸에 배어 있습니다. 그거 잘 안 빠집니다. 그거 안 빼면 저 식당 오래 못 갑니다"라고 했다.

그러면서 이렇게 말했다.

"가마솥 앞에 하루 종일 있으면 쉴 새 없이 땀이 흘러내립니다. 그런 땀에 전 모습을 자랑스럽게 여길 수 있어야 성공합니다. 뼛속까지 사업가가 되어야 성공합니다."

'그렇구나, 다 버려야 하는구나' 하는 큰 교훈을 얻었다.

몇 달 후 그 식당은 정말 문을 닫았다.

나에게도 가슴이 뛰고 피가 끓는 꿈과 목표가 생기고 나니, 참으로 행복했다. 3년 뒤, 5년 뒤 변해 있을 미래의 내 모습을 떠올리면 꼭 해내고 싶었다. 그러려면 당장 시급한 것이 월급쟁이 마인드를 지우는 것이었다. 그걸 지우고 사업가의 마인드로 무장하니 밑바닥부터 박박 길 수 있겠다는 마음가짐이 생겼다.

강의를 하려고 한창 준비 중이던 어느 날이었다. 서점에 갔다가 집으로 들어가는데 갑자기 소나기가 내렸다. 그래서 동네 슈퍼 처마 밑에서 비가 그치기를 기다리며 잠시 서 있었는데, 우연히 그 슈퍼의 영업 시간을 알리는 문구가 눈에 들어왔다.

'Open 오전 6시, Close 오후 11시.'

나는 둔기로 머리를 한 대 얻어맞은 듯한 기분이었다. 그 슈퍼는

언뜻 보기에도 장사가 썩 잘되는 곳은 아니었다. 아마 잘해야 한 달에 200만 원이나 벌까? 그럼에도 불구하고 나름의 사업 원칙을 가지고 아침 일찍부터 밤늦게까지 장사를 하고 있었다. '아, 이것이 바로 사업가적인 마인드구나' 하고 깨달았다.

강의도 하나의 비즈니스다. 동네 슈퍼보다 더 큰 비즈니스다. 그런데 나는 동네 슈퍼에도 있는 사업 원칙조차 세우지 않았던 것이다. 아직도 6시 땡 치면 퇴근하려고 했던 나 자신이 한심했다. 아직도 월급쟁이 근성을 버리지 못했다니, 나는 아직 멀었구나 하는 생각이 들었다.

그래서 나의 사업 원칙을 만들었다. '근무 시간은 오전 7시부터 밤 10시까지, 목표는 죽기 살기로 지킨다.'

비즈니스를 하려면 뼛속까지 사업가가 되어야 한다. 자본금이 1억 원 들어간 사업이라고 생각했다. 이후 나는 힘든 일, 험한 일, 궂은일을 마다하지 않았다. 그런 일이 많을수록 더 많이 배울 수 있기에, 오히려 고마운 마음으로 기꺼이 받아들였다. 내 나이와 회사 다닐 때 직책은 잊은 지 오래였다.

예전에 애주가였던 내가 자주 가던 단골 술집이 있었다. 그 술집 사장은 새로운 안주를 개발할 때마다 나를 초대해서 시식을 권했다. 그러고는 내 품평을 꼼꼼히 메모했다가 재료를 넣거나 빼기를 반복해서 최고의 안주를 만들었다. 그래서인지는 몰라도 그 술집은 늘 손님으로 북적댔다.

내 강의에도 그 술집 사장의 경영 방식을 도입했다.

"아무 조건 없이 강의를 무료로 해드리겠습니다."

초기에 이런 전화를 수도 없이 했다. 나이가 한참 어린 담당자에게 연신 굽실거렸다. 선뜻 받아들이는 곳도 있었지만, 색안경을 끼고 거절하는 곳도 많았다. 일부러 시간을 내서 무료로 강의를 해주겠다는데도 나를 '을(乙)'로 대했다. 서운함을 넘어 자존심이 상했다. 얼마나 정성과 혼을 담은 교안인데……

그렇지만 나는 거절당해 자존심이 상하는 일이 있더라도 매달렸다. 나는 꼭 품평을 들어야만 했다. 검증을 받을 필요도 있었다. 강의에 관한 실전 감각도 키워야 했다. 그래야 시장에서 경쟁력 있는 고품질의 강의가 탄생한다고 믿었다. 반응이 좋으면, 처음에는 자존심을 박박 긁어놨던 담당자들이 주변에 나를 추천해주었다.

알량한 자존심을 내세우면 정성 들여 만든 교안이 창고에 처박힌다. 자존심이 밥 먹여주지 않는다.

돈 한 푼 안 받았다

그리스 시라쿠사 거리에는 동상이 하나 서 있다. 각지에서 온 관광객들이 이 동상을 보고 가던 발길을 멈춘다. 앞머리는 머리숱이 무성한데 뒷머리는 대머리이고, 발에는 날개가 있는 이상하고 우스꽝스러운 모습이기 때문이다. 하지만 동상 밑에 적힌 글을 보고는 다들 고개를 끄덕인다. 그 글의 내용은 이렇다.

"앞머리가 무성한 이유는 사람들이 나를 보았을 때 쉽게 붙잡을 수 있도록 하기 위함이요, 뒷머리가 대머리인 이유는 내가 지나가면 사람들이 다시는 붙잡지 못하도록 하기 위함이며, 발에 날개가 달린 이유는 최대한 빨리 사라지기 위함이다. 나의 이름은 바로 '기회'이니라."

한 번 기회를 놓치면 다시 붙잡을 수 없는 냉정한 현실을 비유한 것이다. 우리 인생에는 수많은 기회가 찾아온다. 아마추어는 기회가 왔을 때 생각만 하다가 시기를 놓쳐버리지만, 프로는 최선을 다해 붙잡는다.

연예인 중에 '뽀빠이' 하면 떠오르는 사람이 있다. 바로 이상용 씨다. 지금은 너무나 유명한 분이지만 처음 데뷔하기까지의 과정은 그리 순탄치 않았다. 그는 코미디언이 되겠다는 결심을 하고 〈모이자 노래하자〉라는 어린이 프로그램 녹화장을 무작정 찾아갔다. 누가 시키지도 않았는데 뒤에서 잔심부름을 몇 달 동안 했다. 얼굴도 이름도 모르는 사람이 온갖 궂은일을 자처했으니 PD 입장에서는 '참 기특한 놈'이라고 생각했을 것이다. 그러던 어느 날 게임 진행자가 부친상을 당해 시골에 내려간 사이에 '그 사람 올 때까지 네가 해봐라'고 해서 첫 출연의 기회를 잡았다. 그래서 그는 이 기회를 놓치지 않기 위해 목숨 걸고 준비를 했다. 그리고 녹화 당일 너무너무 재미있게 진행을 했다. 그랬더니 위에서 '이놈이 더 잘한다. 이놈을 계속 출연시켜라'고 해서 그 이후에도 진행을 맡게 되었다. 그로부터 석 달 뒤에 메인 MC가 모친상을 당했는데 임시 MC로 투입되었다. 그는 아내와 세 살짜리 딸을 앉혀놓고 밤새 연습을 했다. 임시 MC 역할도 성공적으로 해내자 위에서 'MC까지 이놈한테 맡기라'고 해서, 그 이후 15년 동안 MC를 맡게 되었다.

뽀빠이 이상용은 스스로 기회를 만들었다. 또한 기회가 오면 최선을 다했다. 최선을 다한 결과 더 큰 기회가 찾아왔다. 하늘은 스스로 돕는 자를 도왔던 것이다. 뽀빠이의 이 일화는 강사 활동을 하는 내게 큰 울림으로 다가왔다.

"다가오는 모든 기회에 대해 지극의 정성을 다하리라." 나는 몇 번이고 다짐을 했다.

빡빡한 강의 일정으로 몹시 바쁘던 어느 날, 부산에 있는 한 중소기업에서 메일이 왔다. 그 회사 사장님이 직접 보낸 글이었다. 다가올 미래의 비전을 직원들과 함께 공유하고 싶다는 요지였다. 한마디 한마디에 피를 토하는 심정이 담겨 있었다. 안타까운 마음을 금할 길이 없었다. 내 강의 철학이 '인재 육성을 통한 국가의 신경쟁력 창출'인 만큼, 이런 기업을 도와야 한다는 사명감이 발동했다. 때마침 일정이 비어 있어서 한달음에 부산으로 내려갔다. 사실 그때는 강의 성수기여서 할 일이 태산같이 쌓여 있었다. 그런데도 강의료 한 푼 받지 않고 그 먼 거리를 달려갔으니 남들이 보면 분명 제정신이 아닌 미친놈이었다.

사장님과 부사장님, 관리부장을 잇따라 인터뷰했다. 내가 기업

컨설팅을 오랫동안 하면서 갈고닦은 스킬 중 하나가 인터뷰 스킬이기에 그 경험을 살려서 경영진의 고민과 속내를 파악할 수 있었다. 대개의 경우 강사가 그 정도까지만 해서 교육 프로그램을 기획해도 니즈를 상당 부분 반영한 훌륭한 프로그램이 될 수 있다. 하지만 나는 거기서 멈추지 않았다. 나 자신과 적당하게 타협하고 싶지 않았다. 사장님이 부탁한 것도 아닌데 자발적으로 추가 인터뷰를 요청했다. 각 팀장들까지 모조리 인터뷰를 해서 다양한 의견을 들었다. 이를 통해 회사의 현황과 문제점을 객관적인 시각에서 파악할 수 있었다.

하루 종일 인터뷰를 하고 나서 먼 거리를 달려 새벽녘에야 집에 도착했다. 컨디션이 최악이었음에도 불구하고, 뜬눈으로 밤새워 인터뷰한 내용을 정리했다. 나름대로 진단하고 분석한 결과와 회사 특성에 맞는 교육 프로그램을 만들어서 사장님에게 이메일로 전달했다. 그랬더니 사장님이 출근하자마자 전화를 걸어왔다.

"한걸음에 달려와준 것도 고마운데 팀장 인터뷰까지 할 줄은 꿈에도 몰랐습니다. 인터뷰 소요 시간, 왕복 이동 시간, 보고서 작성 시간 등을 합치면 이건 밑지는 비즈니스입니다. 게다가 밤샘 작업까지 해서 결과물을 보내주시니 이 고마움을 어찌 표현해야 할지 모르겠습니다. 고객 감동을 넘어 고객 졸도였습니다."

그 결과 강의 기회는 당연히 나에게 왔다. 뿐만 아니라 당초에 한두 번의 교육으로 계획했던 것이 여러 차례의 교육으로 이어졌다. 심지어 전 직원의 의견과 아이디어를 모으는 1박 2일 워크숍까지 실시했다. 만약 사장님과 전화로만 이야기를 나누었다면 그런 성과는 결코 이루어지지 않았을 것이다.

멀리 부산까지 인터뷰를 하기 위해 찾아간다는 것은 솔직히 귀찮은 일이다. 시간도 많이 걸리고 돈도 많이 든다. 기회비용이 크다. 적당히 만족하고 타협했다면 프로그램을 쉽게 기획할 수도 있었다. 전화로 이야기한다든지, 아니면 몇몇 사람만 만날 수도 있었다. 나에게도 분명 그런 유혹이 있었다. 하지만 적당히 타협하고 싶지 않았다. 이 정도면 됐다며 자족하고 싶지 않았다. 그래서 지극정성을 들였다. 그랬기에 뽀빠이처럼 큰 기회가 나에게도 찾아온 것이었다. 가지마다 열매가 주렁주렁 열리기 시작했다.

깐깐하고 까다로운 고객,
그가 고마웠다

　　　　　　　　HSBC 은행에서는 상당한 손실이 예
상되는 고객의 불만 제기를 '기회(opportunity)'라 지칭한다. 오히
려 개선할 수 있는 절호의 기회로 삼는다는 의미다. 나에게도 비슷
한 경험이 있었다. 고객의 깐깐하고 까다로운 주문이 오히려 성장
의 디딤돌 또는 기회가 된 경우가 많았다. 그런 주문에 대해 '짜증
나'를 외치면 스트레스가 쌓이고 결과적으로 건강을 해치게 된다.
하지만 나는 늘 '기분 좋아'를 외쳤고, 그렇게 외치니 만사형통이
었다. 우리의 뇌는 현실과 언어를 잘 구분하지 못한다고 한다. 뇌는
언어에 맞게 움직이게 마련이다.

아직도 초보 강사 티를 벗지 못하고 있던 어느 날, 한 업체로부터 특강 문의가 들어왔다. 그래서 프로그램을 정성껏 기획해서 보내주었다. 그런데 한 번에 오케이 사인이 떨어지지 않았다. 담당자는 프로그램을 만들어서 보내줄 때마다 수정과 보완을 요구했다. 얼마나 많은 수정 작업을 했는지 모른다. 커리큘럼을 확정하는 데 이렇게까지 수정을 많이 하기도 흔치 않은 일이었다. 너무 한다 싶기도 했지만, 아무리 강의 홍보를 해도 거들떠보지 않는 회사보다는 백 번 낫다고 생각했다. 어쨌든 나는 확정된 내용을 기반으로 강의 슬라이드와 교재를 만들어서 교육 담당자에게 보냈다. 커리큘럼을 짤 때 이미 담당자의 성향을 알았기에 아주 세심한 부분까지 정성을 들였다. 그럼에도 불구하고 또 퇴짜를 맞았다. 어찌나 깐깐하게 구는지 수차례나 수정한 끝에 오케이 사인이 떨어졌다.

그런데 강의가 임박한 어느 날, 상사의 지시라면서 또다시 수정을 요구하는 게 아닌가? 미치고 환장할 노릇이었다. '똥개 훈련'을 시켜도 유분수라는 생각이 들었다. 그러나 그 생각도 잠시, 나는 다시 '기분 좋아'를 외치고 또 외치면서 그 일을 마무리했다.

강의 당일 교육장에 한 시간 전에 도착해서 사장님과 인사를 나누게 되었다. 그런데 황당한 일이 벌어졌다. 사장님이 원하는 강의 주제와 내가 준비한 주제가 서로 다르다는 걸 알게 된 것이다. 실무자가 사장님의 의중을 잘못 전달하는 바람에 벌어진 일이었다. 더구나 그 실무자는 바로 며칠 전에 퇴사를 해서 탓할 사람조차 없는 상황이었다. 사장님은 체념하듯 어쩔 수 없는 상황이니, 그냥 준비한 주제로 강의하라고 했다. 그러면서도 '가능하다면 지금이라도 강의 주제를 바꿔서 해줬으면' 하는 말을 덧붙였다.

나는 어떤 선택을 해야 할지 막막했다. 여러 가지 생각이 스쳐지나갔다. 이번 강의를 위해 커리큘럼만 해도 얼마나 많은 수정을 했던가. 강의 슬라이드와 교재 역시 얼마나 많은 수정을 했던가. 더구나 강의 슬라이드는 최신 버전으로 대폭 리모델링을 하면서 엄청난 시간을 투입한 대공사였다. 어떤 강의의 고수가 와도 쉽지 않았을 거라는 생각이 들었다. 그런데 이걸 다 뒤집고 다른 주제로 해달라니……. 더구나 강의가 한 시간도 채 안 남았는데……. 분명 위기였다. 하늘이 노래졌다.

하지만 위기는 기회라는 말이 있지 않은가. 나는 아예 생각을 바꾸고 사장님에게 말씀드렸다. 남은 시간 동안 최대한 고쳐보겠노라고. 다만 앞뒤의 논리적 구성은 다소 엉성할 수도 있으니 양해해달라고. 말은 이렇게 했지만, 내게는 큰 도전이었다. 그나마 강의장에 일찍 왔기에 망정이지 30분 전쯤에 왔다면 어림도 없었을 것이다. 나는 남은 시간 동안 초집중해서 수정을 했고, 리허설 시간도 없이 강단에 섰다. 조금 걱정이 앞섰지만 나름의 확신과 진정성을 담아 강의에 임했다.

강의가 끝나고 사장님이 내게 오더니 기대 이상의 만족스러운 강의였다며 엄지손가락을 세워 보였다.

"제가 하고 싶은 말 그 이상의 감동적인 메시지가 전달된 것 같습니다. 더구나 갑자기 주제를 바꿔서 기대도 하지 않았는데, 어쩌면 그리 순발력 있게 대처할 수 있습니까? 진심으로 고맙습니다."

정말로 가슴이 뿌듯했다. 너무나 깐깐하게 굴어서 약간 섭섭했던 감정도 일순간에 사그라졌다. 이후 사장님과 환담을 나누었는데 정말 기적 같은 일이 벌어졌다. 다음 연도의 모든 강의를 내게 맡기겠다고 약속하시는 거였다. 내가 보는 앞에서 담당 임원을 불러 직접 지시까지 했으니 이 얼마나 기적 같은 반전이란 말인가.

그 회사가 깐깐하고 까다롭게 굴었던 탓에 감정이 상하기도 했었다. 하지만 그 덕분에 나는 많은 혜택을 보게 됐다. 내 강의 콘텐츠가 풍부해졌고, 강의 역량도 업그레이드되었다. 쉽게 겪어보지 못할 색다른 체험도 했다. 어떻게 해야 순발력 있게 강의할 수 있는지도 경험했다. 위기가 기회가 될 수 있다는 사실도 깨달았다. 강의장에 일찍 가야 하는 이유를 새삼 절감했다. 내 강의력이 어떤지 고객사에 확실하게 각인시켰다. 무엇보다도 1년치 교육을 따내는 성과를 거두었다. 지겹도록 까다로웠던 그 회사! 이제는 그저 고마울 뿐이다. 혹시라도 위와 같은 까다로운 고객이 나타나거든 나를 성장시켜줄 기회가 될 수도 있다는 사실을 잊지 말자.

강의 시작 1년 만에 억대 연봉자가 되었다

중국에 "아무리 작은 일이라도 정성을 담아 꾸준히 하면 두려울 만큼 거대한 힘이 된다"라는 금언이 있다. 또한 김쌍수 전 LG전자 부회장은 "꿈을 현실로 바꾸는 사람이란, 쉽고 편한 길을 택하기보다는 꾀부리지 않고 한 걸음씩 성실하게 하루하루를 살아가는, 평범하지만 비범한 사람들이다"라고 말했다. 어떤 분야든 큰 업적을 남긴 사람은 예외 없이 작은 것부터 차곡차곡 쌓아나간다. 작은 일도 쉬지 않고 노력을 기울이고, 산도 옮길 수 있다는 우공이산(愚公移山)의 자세로 덤빈다면 이루지 못할 꿈이 없다.

내가 강의 업계에 막 발을 들여놓던 무렵, 온갖 악조건을 실제로 경험해야 했던 한 지방 강의 덕택에 '반드시 1년 안에 억대 연봉을 벌겠노라'고 다짐했다. 그때의 소중한 경험을 발판으로 쉬지 않고 달려왔더니 어느새 진짜 억대 수입을 올리는 강사가 되어 있었다. 독자에게 차근차근 그 비법을 공개하겠다.

경상북도 경산에 있는 한 업체에서 강의 의뢰가 들어왔다. 2시간 강의에 강사료는 20만 원이었다. 나는 1분도 망설이지 않고 바로 수락했다. 지인이 강의 조건을 듣고서는 대뜸, "야, 돌머리냐? 그런 강의를 하게?"라면서 지금이라도 늦지 않았으니 취소하라고 충고했다. 지인의 말이 틀린 것은 아니었다. 왜냐하면 강사료가 적은 데다가 온갖 악조건을 갖춘 경우였기 때문이다. 일단 그곳은 대중 교통이 닿지 않는 후미진 곳에 있었기 때문에 직접 차를 몰고 가야만 했다. 폭우로 인해 고속도로는 한치 앞도 보이지 않아, 피곤함은 둘째치고 너무 위험했다. 또한 기름 값과 통행료 등을 합치면 오히려 손해 보는 장사였다. 더구나 하루가 깨지기 때문에 고액의 강사료가 아니라면 수지가 맞지 않았다. 들어가는 시간, 노력, 위험도에 비하면 비효율도 그런 비효율이 없었다. 아니, 미친 짓이었다. 돌머리나 하는 행동이었다. 지인은 끝내 가겠다는 나를 보고 한심하다는 듯 혀를 찼다.

강의를 마치고 새벽녘에 도착했지만 나는 희한하게도 피곤하기

는커녕, 얼굴이 발그스레 상기되어 있었고 가슴은 뜨겁게 달아올라 있었다. 도대체 어떤 일이 있었기에 내 의지가 더욱 굳건해졌을까? 폭우를 뚫고 엉금엉금 오는 동안, 혀를 차던 지인의 모습이 머리에서 지워지질 않았다. 그래서 스스로에게 물었다. '내가 과연 이것밖에 안 되는가!' 하지만 나는 다짐했다. '이런 작은 노력을 꾸준히 하면, 열 배 이상의 강사료를 받는 날이 오리라.' 그러고는 올라오는 차 안에서 계속 소리를 질러댔다.

"신동국! 너는 성공한다!"
"신동국! 너는 명강사가 된다!"
"신동국! 너는 반드시 시간당 100만 원을 받는 강사가 된다!"
"신동국! 너는 반드시 1년 안에 억대 연봉을 돌파한다!"

그렇게 외치는데 나도 모르게 눈물이 흘러내렸다. 흘러내린 눈물만큼 내 가슴은 더욱 뜨거워졌다. '지금은 이렇게 힘들게 다니지만 이것이 쌓이고 축적되면 분명 거대한 힘을 발휘하게 되리라', '이런 경험도 나중에는 멋진 성공 스토리가 되리라'는 확신을 안고 올라왔다. 하루 11시간 투자, 강사료는 불과 20만 원, 폭우 속의 위험천만한 장거리 운전, 지인의 냉소 등 악조건투성이였지만 스스로 동기부여가 된, 나를 더욱 강하게 만든 일대 사건이었다.

이제 내가 어떤 강의를 마다하겠는가? 남들이 무시하고 비웃던 그런 강의가 내게는 소중한 성장의 디딤돌이 되었다.

'지옥에서 부른다고 해도 달려가리라!'

'결코 어떠한 핑계도 대지 않으리라!'

그런 마음으로 작은 강의 하나라도 놓치지 않고 꾸준히 해나갔다. 그랬더니 어느 순간 열매가 풍성하게 열리기 시작했다. 거래처도 강의 요청도 강사료도 폭발하기 시작했다. 어느 정도의 변곡점을 지나자, 처음에는 불가능해 보이던 1억 원이라는 그 꿈의 숫자가 내게 다가왔다. 믿어지지 않았다. 그 이후 내 수입은 단 한 번도 억대 아래로 내려가본 적이 없다.

성공학의 대가 브라이언 트레이시는 "위대한 성공은 아무도 거들떠보지 않는 작은 노력들이 수천 번 쌓여 이루어진 것이다. 지름길이나 쉬운 길은 없다"라고 했다. 나도 감히 말할 수 있다. '결코 대박이란 없다! 잔머리 굴리지 말고, 무조건 작은 것부터 꾸준히 하라!'고.

100만 원짜리 수표 한 장을 받던 날

2012년 런던 올림픽에서 온갖 부상에도 불구하고 유도 금메달을 획득하여 국민들에게 많은 감동을 안겨주었던 김재범 선수. 기자들이 금메달을 딴 비결을 묻자, 그는 '죽기 살기로 했더니 은메달을 땄는데 죽기로 했더니 금메달을 따게 됐다'라고 답했다. 목표를 정하고 자신을 끊임없이 담금질했다고 한다. 처음에는 그 결과가 보이지 않았지만, 꾸준히 최선을 다했더니 날마다 조금씩 성장하게 됐고, 어느 순간 지존으로 등극하게 된 것이다.

나는 교육 프로그램에 대한 제안서를 보낼 때 '파격적인 제안'을 한다.

'기대 수준 이하라면 절대로 강사료를 받지 않겠습니다.'

'이런 조건을 제시하는 강사는 대한민국에 신동국 강사 외에는 없습니다.'

'대한민국 최초의 100% 만족 보증제를 실시합니다.'

이런 제안서를 보내는 것은 배수의 진을 치고 최선을 다하겠다는 의미다. 즉 최고의 지극정성을 다할 수밖에 없도록 나 자신을 채찍질해왔고, 그런 과정을 통해 내가 조금씩 성장하는 원동력이 되었다.

어느 업체에서 강의를 한 적이 있다. 강의가 끝나자 사장님이 직접 강사료를 봉투에 담아주었다.

"당초 책정했던 강사료보다 조금 더 넣었습니다. 감동적인 강의를 해주신 데 대한 성의입니다."

강사료는 강의가 끝나고 일주일이 지난 후 통장으로 보내주는 게 일반적이다. 그런데 즉석에서 현금으로 주니 그 성의가 정말 고마웠다. 게다가 돈을 더 넣었다니 90도 각도로 인사를 하고 나왔다. 봉투에 얼마나 들었는지 궁금하긴 했지만 그 자리에서 뜯어볼 수는 없었다. 작별 인사를 나눈 뒤 주차장에 가서 액수를 확인하고는 내 눈을 의심하지 않을 수 없었다. 내가 꿈에 그리던 숫자였다. '100만 원짜리 수표'가 들어 있었다.

그토록 간절히 원하던 꿈이 이뤄진 순간이었다. 집 안에 다닥다닥 붙여놓았던 그 꿈이 현실로 된 순간이었다. 지나간 몇 개월이 주마등처럼 스치면서 눈물이 쏟아져 도저히 운전을 할 수가 없었다. 강의를 시작하고 1년이 채 안 된 시점이었다. 내게 이런 날이, 기적 같은 날이 정말로 찾아온 것이다. 그날 집에 들어갔을 때의 장면이 지금도 생생하다. 나는 대문을 활짝 열고 들어갔다. 내 이마에는 그 100만 원짜리 수표가 붙어 있었다. 그리고 외쳤다.

"아빠가 오늘 받아온 강사료다."

아이들에게 자랑스러웠다. 눈물이 앞을 가렸다. 그토록 원하던 그날이 이렇게 빨리 올 줄은 몰랐다.

사실 그 회사는 무척 까다로운 고객이었다. 강의 의뢰를 하는데 담당자부터 팀장, 전무, 사장까지 일일이 면담을 하면서 주의 사항을 듣기는 처음이었다. 심지어 강의 슬라이드를 미리 보여달라고 하면서 내 자존심을 박박 긁어놓았다. 나를 못 믿는 정도를 넘어 사전 검열을 받는 기분이 들었다. 더구나 강의의 고수들이 다녀갔음에도 불구하고 니즈를 만족시키지 못했다는 얘기를 들은 터였다. 그러니 나 같은 애송이가 어떻게 기대에 부응할 수 있을지 스트레스가 밀물처럼 밀려왔다. 거기에 더해 강의 주제는 한 번도 다뤄보지 않은 내용들을 담아야 했다. 재미도 있으면서 회사가 원하는 메시지를 담아야 했다.

강의 슬라이드를 고치고 또 고쳤다. 리허설도 수십 차례나 하면서 입에 착 달라붙을 때까지 연습을 했다. 얼마나 지극정성을 기울였는지 모른다. 다행히 그런 준비와 노력이 결실을 맺었다. 사장이 역대 최고로 만족스러운 강의였다고 하며 100만 원짜리 수표가 든 봉투를 준 것이었다.

김재범 선수처럼, 목숨 걸고 덤벼들었더니 최고의 결과가 나왔다. 전혀 예상치 못한 곳에서 꿈이 이뤄지는 순간이었다.

목숨 걸고 덤벼들면 이런 기적이 찾아오기도 한다. 강의를 시작하고 1년이 채 안 된 시점에 나는 그렇게 가슴 벅찬 희열을 느꼈다.

"저도 그런 강사료를 받을 수 있을까요?"

"강의를 잘하고 싶은데 어떻게 해야 할까요?"

사내강사나 초보 강사들이 자주 하는 질문이다. 질문은 다양하지만 답은 오직 하나다.

"강의에 지극의 정성을 다하라."

"목숨 걸고 덤벼들면 하늘도 감동한다."

'최선'이란 말의 의미에 대해 대하소설 《태백산맥》의 저자인 조정래는 이렇게 말했다.

"최선을 다했다는 말을 함부로 쓰지 마라. 최선이라는 말은 나 자신의 노력이 나를 감동시킬 수 있을 때 쓸 수 있는 말이다."

경진대회 우승자는 1년도 안 된 애송이였다

　　　　　　　　한국강사협회에서 주관해서 실
시하는 대한민국 명강사 경진대회! 명성에 걸맞게 대한민국의 내
로라하는 고수들이 총출동하여 실력을 뽐내는 경연장이다. 그만큼
보는 이들로 하여금 손에 땀을 쥐게 한다. 청중을 자지러지게 웃기
기도 하고, 가슴 뜨거운 감동으로 울리기도 하는 등 기억에 남을 만
한 명강의를 펼친다. 총 3개조에 걸친 치열한 예선, 그리고 본선에
서 자웅을 겨루던 날! 출전한 그 어떤 강사라도 자기 분야에서는
엄지손가락을 세울 만한 명강사였기에, 누가 입상을 하고 누가 그
랑프리를 수상하게 될지 모두가 숨죽이며 발표를 기다리고 있었

다. 곧이어 우수상 세 명에 대한 발표와 시상이 끝나고, 이제 남은 상은 단 하나! 드디어 그랑프리(최우수상)를 발표하는 순간! 긴장감이 극에 달할 때까지 사회자가 한참 뜸을 들이더니,

"오늘의 그랑프리를 받으실 분은…… 신동국 강사입니다" 하고 외쳤다.

내 이름이 불리자 나는 심장이 떨어져나갈 뻔했다. 도저히 믿기지가 않았다.

그랑프리 수상자로 호명된 그 이름은 신동국! 나는 강의 업계에서는 전혀 이름이 알려지지 않은 무명 강사였다. 그것도 강의를 시작한 지 1년도 안 된 애송이였다. 강의 경력 10년 이상의 내공을 쌓은 고수들이 즐비한데, 1년도 안 된 무명의 강사가 정상에 오르는 대이변이 연출되었다.

얼마 후 그랑프리 시상식이 있던 날 상패를 받아든 나는 제일 먼저 아버지 산소에 달려갔다. '대한민국 명강사 경진대회 최우수상.' 그 선명한 글씨 그리고 내 이름이 새겨진 상패를 돌아가신 아버지 산소 앞에 두 손 모아 올렸다. 무릎을 꿇고 목 놓아 울었다.

"아버님, 당신의 둘째 아들이 최우수상, 그랑프리를 받았습니다."

1년도 안 된 무명의 강사가 어떻게 그랑프리를 차지했을까? 정말로 운이 좋았던 것일까? 경진대회 공고를 보고 나는 생각했다. '나 같은 햇병아리 강사가 도전해서 과연 입상이나 할 수 있을까?'

당연히 언감생심이었다. 도전해서 망신이나 안 당하면 다행일 텐데. 하지만 우리가 한평생 살면서 어려운 일, 불가능한 일이 어디 한두 가지겠는가. 그 일을 성취한 순간을 상상해보라. 그 엄청난 영광과 기쁨, 환희 그리고 가슴 터질 듯한 흥분을.

그렇게 나는 앞으로 펼쳐질 미래를 상상하며 거대한 목표를 잡았다. 강의 시작한 지 1년도 채 안 되는 애송이 강사, 내 목표는 단순한 입상이 아니었다. 말도 안 되는 목표! 그랑프리가 목표였다. '그랑프리를 차지하고야 말리라! 목숨을 걸고서라도!' 만약 '되고 싶다'고 하는 막연한 바람 또는 '기왕 하는 거 1등 하면 좋겠네' 하는 마음으로 참가했다면 아마 예선에서 탈락했을지도 모른다. 나는 너무나 간절했다. 그만큼 출발점부터가 달랐다. 이것이 다른 참가자와의 차이였을지도 모른다.

생각을 바꾸면 운명이 바뀐다고 했던가. 목숨 걸고 해내고야 말겠다는 결심을 할 때부터, 내 운명은 서서히 바뀌고 있었다. 운명을 바꿀 조짐이 밤마다, 아침마다 나타나기 시작했다. '그놈'은 밤마다 나를 재우지 않았고, 아침마다 나를 벌떡 일어나게 만들었다. 나를 한없이 설레게 했다.

강의 제목은 '필이 꽂히게 전달하라'였다. 강의 기법, 프레젠테이션, 스피치, S-OJT(Structured On the Job Training, 체계적인 OJT) 등에 범용적으로 쓸 수 있는 내용으로 했다. 모든 청중이 쉽게 공감할 수 있는 주제가 유리하다고 판단하고, 주제 하나를 결정하는 데에도 찾고 또 찾아서 신중하게 접근했다. 필이 꽂히게 전달하기 위해, 콘텐츠에 온갖 정성과 혼을 불어넣었다. 전달 차원에서도 어떻게 하면 강력한 동기부여를 할까, 어떻게 하면 재미있게 할까, 어떻게 하면 가슴 뜨거운 감동을 줄 수 있을까를 잠 못 이루며 연구했다. 그리고 셀 수 없을 만큼 수많은 리허설을 하고 또 했다. 지금도 나는 죽을 각오로 했기에 최고의 영광을 차지할 수 있었다고 생각한다. 쉽게 이루었다면 그만큼 성취감이나 희열은 덜했을 것이다. 아무튼 무모한 도전 하나가 한 사람의 운명을 바꾸었다.

사람은 도전을 통해 비약적인 성장을 한다고 했던가. 내가 그런 경우였다. 무엇보다 참가한 다른 강사들에게서 전율을 느낄 정도의 동기부여를 받았다. 명강사 경진대회 예선이 지금도 생생하게 기억이 난다. 무림의 고수들에게서 느껴지는 내공은 장난이 아니었다. 15분 안에 자기가 갖고 있는 모든 것을 쏟아부으니, 나뿐만이 아니라 참관하는 많은 청중들이 입을 다물지 못했다. 한마디씩 할 때마다 '와~' 하는 감탄사가 절로 터져나왔다. 온몸에 전율을 느꼈다. 모골이 송연해졌다. '강의를 저렇게 할 수도 있구나' 하는 생각이 들었다. 이렇게 많이 배울 수 있는 기회가 어디에 있나 싶을 정도였다. 출전하기를 참 잘했다는 생각을 몇 번이고 했다. '아직도 나는 배울 것이 많구나, 아직도 채울 것이 많구나' 하고 절실히 느꼈다. 동기부여를 받은 것도 큰 혜택인데, 내 역량이 눈부시게 발전하는 계기가 되었다. 목표 달성을 위해 모든 에너지를 남김없이 바

쳤더니 믿기지 않을 정도로 비약적인 성장을 했다. 예선을 거치면서 한 단계 업그레이드되고, 본선을 거치면서 한 번 더 업그레이드되었다. 특히 강의 교안이나 전달력은 예전과 비교하면 하늘과 땅 차이였다. 경연을 준비하며 겪었던 많은 경험들이 나중에 숱하게 유용하게 쓰일 줄 누가 알았으랴. 도전의 경험은 내 강의에 날개를 달아주었다.

할 수 있다는 신념이 기적을 낳았다

간절함이 운명을 바꾼다고 했다. 강사 활동을 시작한 이후의 내 삶이 그것을 증명하고 있다. 쉰 살의 나이에 졸지에 실업자가 되어 아무것도 할 수 없다고 느꼈을 때 우연히 다가온 강사라는 직업. 과연 해낼 수 있을까 반신반의하며 시작했지만, 간절하게 원하고 행동으로 옮기니 기적 같은 일들이 벌어지기 시작했다.

"타오르는 소망을 가져라. 간절한 소망은 반드시 실현된다. 기필코, 기필코 해내리라!"

어렵고 힘들 때마다 외쳤다. 산 정상에 올라 외쳤다. 이동하는 차 안에서도 외쳤다. 할 수 있다는 신념은 기적을 낳는다고 했다. 실제로 그랬다.

내가 대한민국 명강사 경진대회에서 1등을 할지 누가 알았겠는가.
내가 명강사의 반열에 오를지 누가 알았겠는가.
내가 대학 강단에서 강의를 하게 될지 누가 알았겠는가.
내가 강사를 양성하는 전문가로 활동하게 될지 누가 알았겠는가.
강의 1년 만에 억대 연봉을 벌게 될지 누가 알았겠는가.
명예퇴직한 지인들이 나를 부러워하게 될지 누가 알았겠는가.

이 모든 일이 내게는 기적 그 자체다. 꿈을 향한 여정에는 즐거운 일만 있지는 않았다. 힘들거나 어려운 일이 반드시 나타나서 나를 굴복시키려 했다. 그런 일에 물러서지 않았다. 오히려 의지를 불태웠다. 오히려 실패에서 성공을 배웠다. 거센 파도가 유능한 선장을 만들듯이, 그러한 장애와 실패의 경험들이 나를 더욱 강하게 만들었다. 나는 장애물에 부딪히는 것을 두려워하지 않았다. 좌절을 겪는 것 또한 두려워하지 않았다. 그 모든 것이 지나가는 것이라고 생각했기 때문이다. 그러면서도 마음 한편으로는 일시적인 좌절에 무릎을 꿇을까 두려웠다. 나도 그렇게 흔들린 적이 있었다.

초보 강사 시절에 잊지 못할 사건이 있었다. 내가 열심히 뛰는 모습을 보고 어떤 업체의 지인이 내게 강의 의뢰를 했다. 나는 너무 고마웠고 그분에게 누가 되지 않도록 최선을 다해 강의했다. 강의 만족도 역시 높은 편이었다. 그래서 그 지인에게 설문 결과와 더불어 약간의 자랑질을 겸한 메일을 보냈다. 그런데 의외의 답변이 왔다. 아주 싸늘하고 냉정한 피드백이었다. 이런 피드백은 강의 시작한 이래 처음이었다. 담당 부장이 참관해서 들었는데, 주제와 맞지 않는 내용이 꽤 있었다는 지적이었다. 청중은 재미있게 들어서 만족도가 높았을지 몰라도, 교육 주관부서에서 요청한 니즈와 부합하지 않는 강의였다는 것이다. 아마도 내가 실무자였으면 이런 말을 했을지도 모른다.

"무슨 강의를 그 따위로 합니까?"

한마디로 함량 미달의 강의, 그 정도 수준밖에 안 되는 강의였다. 나를 섭외한 그분은 얼마나 많은 질책을 받았을까? 강의를 멋지게 잘해서 그분의 기를 살리지는 못할망정 누를 끼치고 말았으니……. 그 피드백이 계속 귓가에 맴돌았다. 쥐구멍에라도 들어가고 싶었다. 처음 겪는 좌절이었다.

"그 강의가 어떤 강의인데 그걸 망치냐? 이 한심한 놈아!"

"그 따위로 강의해서 원하는 꿈 근처라도 가겠냐, 이 자식아!"

스스로를 심하게 질책했다. 그 정도 수준에 만족했던 나 자신을 용납할 수가 없었다. 그날 밤 뜬눈으로 지새웠다. 그리고 깨달았다. 꿈을 향해 가는 길에 누구나 시련을 겪는다는 사실, 실패가 아닌 시련에 불과하다는 사실이었다. 겸손하지 못함을 일깨워주려는 하늘의 계시였다. 나를 더욱 단련시키려는 하늘의 뜻이라고 생각하며 몇 번이고 다짐을 했다.

"이제 처음 맞은 비바람이다. 여기에 굴한다면 나는 인간도 아니다. 개○○다. 도봉산에 올라 '난 할 수 있다'고 외쳤을 때 나를 응원해주던 수많은 사람들을 생각해봐라."

실패나 불운을 당해보지 않은 사람만큼 불행한 사람은 없다고 생각한다. 담금질의 기회를 갖지 못하기 때문이다. 그 사건은 내게 쓴 약이 되었다. 내 강의 활동에 예방주사 역할을 톡톡히 해주었다. 다시 태어나는 계기가 되었다. 어제의 나를 죽였더니, 새로운 내가 태어났다. 그분이 너무나 고마웠다. 내게 관심이 있으니 그런 피드백을 해주었지, 관심이 없었다면 그런 피드백조차 해주지 않았을 것이다. 비 온 뒤에 땅이 굳어진다. 그런 일을 겪었기에 내 꿈과 '할 수 있다'는 신념은 더욱 굳어졌고, 내 역량이 비약적으로 성장할 수 있었다.

몇 년 전 교보빌딩에 이런 시가 걸려 있었다. 장석주 시인의 〈대추 한 알〉이다.

저게 저절로 붉어질 리는 없다
저 안에 태풍 몇 개
저 안에 천둥 몇 개
저 안에 벼락 몇 개

저게 저 혼자 둥글어질 리는 없다

저 안에 무서리 내리는 몇 밤

저 안에 땡볕 두어 달

저 안에 초승달 몇 날

상위 1% 명강사의 비밀 노트 1

- 남들보다 두 배 더 하면 된다. 그래도 안 되면 세 배 더 뛰면 된다.

- 새로이 태어나리라고 결단하라. 월급쟁이의 행동과 습관을 단호하게 끊어라.

- 인생의 모든 것을 걸고 오늘부터 6개월만 미쳐보라.

- 뼛속까지 사업가의 마인드로 무장하라.

- 돈만 따지지 말고 지극의 정성을 다하라. 그러면 큰 기회가 다가온다.

- 할 수 없는 이유를 댈 시간이 있거든 그 시간에 '되는 방법'을 찾아라

- 처음부터 대박은 없다. 무조건 작은 것부터 꾸준히 시작하라.

- 자신의 노력에 감동할 수 있을 정도로 최선을 다하면 꿈의 강사료가 다가온다.

- 지겹도록 까다로운 고객은 나를 성장시켜주는 기회가 된다.

- 목숨 걸고 해내고야 말겠다는 결심을 하면 운명이 바뀐다.

- 스스로를 벼랑 끝으로 밀어붙여라. 그리고 혼신의 힘을 다해 몰입하라.

- 시련은 누구나 겪는 통과의례다. 어떤 상황이 와도 결코 포기하지 마라.

2

명강의를 하고 싶고,
명강사가 되고 싶다면

시련은 있어도 실패는 없게 만드는
엔진을 달다

고대 그리스의 철학자 아리스토텔레스가 말했다.

"광기가 섞이지 않은 위대한 재능은 없다."

그가 말하는 광기는 열정을 의미한다. 뭔가를 이루기 위해 뼈에 사무치도록 몰입하는 것이다. 이러다 죽어도 좋다고 할 만큼 전력을 다하는 것이다. 매일 밤 꿈속에 나타날 정도가 되는 것이다. 그 정도의 열정을 가지고 임한다면 어떤 일에서든 기적을 맛볼 수 있다. 절실하게 원하고 열정적으로 움직이면 무엇이든 손에 넣을 수 있다고 나는 믿는다.

우리나라 경제 발전 역사의 한 획을 그은 고(故) 정주영 회장은 건설, 조선, 자동차 등 우리나라의 거의 모든 산업에서 선구자라고 할 수 있다. 아무도 가보지 않은 길을 스스로 개척했기 때문이다. 그 길에는 크고 작은 시련이 곳곳에 매복해 있었음에도 불구하고, 좌절하지 않고 꿋꿋이 헤쳐나갈 수 있었다. 자기 일에 대한 끊임없는 열정이 그 원동력이었다. 그 열정이 있었기에 모든 사람들이 이구동성으로 불가능하다고 했던 일조차 현실로 만들어버린 것이다. 그분은 열정의 화신이라고 해도 과언이 아니다. 정주영 회장의 책 제목처럼 '시련은 있어도 실패는 없다'는 그 비결은 바로 열정이다. 이처럼 열정의 힘은 우리의 상상을 초월한다. 세상의 모든 위대한 역사는 열정의 산물이다. 내가 뜨거워지면 운명을 이길 수 있다. 나를 날마다 성장하게 한다. 내 연봉을 획기적으로 끌어올려준다. 나를 명강사의 길로 안내해준다. 기적을 불러일으킨다.

동료 강사들과 1박 2일 워크숍에 참석한 적이 있다. 그런데 같은 방을 썼던 분이 나 때문에 잠을 제대로 못 잤다고 했다. 나는 평소에 코를 골지 않지만, 피곤하면 약간 골기도 한다. 그래서 혹시 내가 코를 골아서 잠을 방해한 것은 아닌가 해서 사과를 했다.

"제가 코를 좀 많이 골았나 봅니다. 정말로 죄송합니다."

"그게 아니고요, 신동국 강사님이 잠꼬대를 하는 소리를 듣고 깼습니다."

"네? 무슨 잠꼬대를……."

"자다가 무슨 소리가 들려 일어나 보니…… 하하하. 신동국 강사님이 잠꼬대를 하는데, 생생한 목소리로 강의를 하더라고요. 꿈속에서까지 강의를 하다니, 정말 대단하십니다."

내가 자다가 잠깐 잠꼬대를 한 것은 어렴풋이 기억났는데, 강의까지 했을 줄은 몰랐다. 다음 날 강의를 앞두고 아마도 꿈속에서 리허설을 했던 모양이다. 그 사건이 하도 우스꽝스러워 아내와 아이들에게 들려줬더니 딸이 웃으면서 말했다.

"나도 본 적 있어. 지난번에 아빠가 거실에서 TV 보다가 잠들었을 때, 잠꼬대로 강의하던데?"

"고~뤠?"

우리는 또 한 번 배꼽을 잡고 웃었다.

그런 걸 보면 내가 강의에 미치기는 미쳤나 보다. 어느 정도인고 하니, 나는 TV를 볼 때도 아무 생각 없이 그냥 보지 않는다. 보면서도 늘 강의에 활용할 만한 내용이 있는지를 염두에 둔다. 그러다가 쓸 만한 내용이 나오면 즉시 메모를 하고, 필요한 경우 동영상을 다운받아서 편집을 한다. 책을 읽을 때도, 영화를 볼 때도 마찬가지다. 관심을 갖고 끊임없이 몰입하는 것, 이것이 바로 열정이 아닌가 싶다.

내 강의는 짧게 하는 특강도 있지만, 8~16시간짜리 프로그램이 꽤 많다. 〈사내강사 양성과정〉, 〈퍼실리테이터 양성과정〉, 〈프레젠테이션 스킬 향상과정〉, 〈S-OJT 코치 양성과정〉, 〈문제해결과 의사

결정과정〉 등이 있다. 모든 것이 익숙지 않았던 초보 강사 시절에 이러한 패키지 프로그램을 개발하려면 엄청난 시간과 노력을 투자해야만 했다. 개발 과정에서 수많은 난관에 부딪혔지만 결국 열정이라는 친구가 있었기에 해낼 수 있었다. 열정은 내게 핑계를 대지 않게 해주었다. 어떻게든 끈기를 가지고 그 일을 하게끔 만들어준 원동력이었다.

열정은 기적을 낳는다. 나는 열정으로 인해 상상도 못했을 기적을 체험했다. 강의를 시작한 지 1년도 안 된 무명의 강사가 대한민국 명강사 경진대회에서 최우수상을 받은 것은 기적 중의 기적이었다. 그리고 강의 첫해에 연봉이 1억 원을 넘어선 것 또한 내게는 믿을 수 없는 기적이었다. 2년 만에 명강사 반열에 오른 것 또한 기적이었다. 그뿐만이 아니다. 내가 고려대와 상명대 등에서 강사를 양성하는 교수로 활동하게 될 줄은 꿈에도 몰랐다. 그 열정이란 놈이 밤늦도록 나를 안 재우고, 또 이른 아침 나를 깨웠기 때문에 이 모든 일이 가능했다. 실제로 나는 꿈속에서도 현실에서도 내 꿈을 단 한 번도 잊어본 적이 없을 정도로 뜨거웠다.

역사상 모든 위대한 업적 가운데 열정 없이 이루어진 것은 없다. 운동선수, 예술가, 과학자, 사업가, 명강사 등 그 누구도 크게 되고자 하는 열정 없이는 성공하거나 위대해질 수 없다. 어떤 분야에서든 최고 위치에 다다른 사람들은 하나같이 뼈를 깎는 노력을 했다.

영혼을 담아 치열하게 노력했다. 그렇게 만든 것이 열정이다. 열정은 사람에게 꿈을 꾸게 한다. 계획을 세우게 한다. 이루어내게 도와준다. 열정 없이는 아무리 위대한 비전, 거대한 꿈도 이루어낼 수 없다. 열정 엔진을 장착하면 위대한 성취를 이룰 수 있다.

상대방을 설득하기 위해서는 내가 먼저 뜨거워져야 하는 이유가 또 하나 있다. 열정이 있는 사람의 말은 설득력이 강하기 때문이다. 열정은 언제나 설득력을 발휘하는 웅변가다. 열정이 있는 사람의 설득력은 언변이 유창하기만 한 사람보다 더 힘을 발휘한다. 열정을 실천하는 사람은 따로 설득을 위한 노력을 경주할 필요가 없다. 그 자체가 사람의 마음을 움직이기 때문이다. 말로 설득하는 사람은 하수, 열정으로 설득하는 사람은 고수다.

내가 먼저 뜨거워야 세상도 뜨거워진다. 내가 먼저 뜨거워야 주위를 달굴 수 있다. 청중이 뜨거워지고 교육장이 달아오른다. 내가 뜨겁지 않은데 어떻게 청중을 달굴 수 있겠는가? 내 가슴이 뜨겁지 않다면 감히 강단에 서지 말라고 말하고 싶다. 만일 내가 현재 하고 있는 강의에 즐거움과 열정을 느낄 수 없다면, 다른 일을 찾아보라고 권하고 싶다. 내가 뜨거운지 아닌지는 청중이 먼저 안다. 그 느낌이 그대로 전달된다. 파동이 전달된다. 내가 청중을 뜨겁게 녹일 정도의 열정을 가지고 있는지 먼저 깊이 성찰해보아야 한다.

세계 최초로 연봉 100만 달러를 돌파했던 최고경영자 찰스 슈왑은 "인간은 무한한 열정을 쏟는 일에서는 거의 반드시 성공한다"
라고 이야기했다. 세계적인 발레리나 강수진은 "눈을 뜨면 어제 살
았던 삶보다 더 가슴 벅차고 열정적인 하루를 살려고 노력한다"라
고 말했다. 훌륭한 강사, 명강사가 되기 위한 첫 번째 조건은 열정
이다. 그 열정을 지속하는 것, 그것이 바로 상위 1% 명강사들만의
특급 비밀이다.

사명감으로 강의에 혼을 담았다

 몇 년 전 누리꾼들 사이에서 뜨거운
화제가 됐던 김귀옥 부장판사의 법정 사건을 소개하겠다.

 절도 혐의로 구속된 16세 소녀에 대한 판결을 하는 날. 소녀는
도무지 반성의 기미를 보이지 않았고, 1년 전부터 절도와 폭행 등
14건의 범죄를 저질러 한 차례 소년 법정에 섰던 전력이 있어 이번
에는 무거운 형벌을 받을 것이 불가피해 보였다. 중년의 여성 부장
판사는 모두의 예상대로 유죄를 선고했다. 그런데 잠시 후 울음을
터뜨리는 소녀! 법정은 눈물바다가 되고 만다. 도대체 무슨 일이

있었던 것일까?

그 판사는 판결을 내린 후 소녀를 향해 다정한 목소리로 이렇게 이야기했다.

"앉은 자리에서 일어나 날 따라 힘차게 외쳐보렴. '나는 이 세상에서 가장 멋있게 생겼다!'라고"

예상치 못한 재판장의 요구에 잠시 머뭇거리던 소녀는 나지막하게 "나는 이 세상에서 가장 멋있게 생겼다!"라며 입을 열었다.

그러자 판사가 이번에는 더 큰 목소리로 '나를 따라 외치라'고 했다.

"나는 무엇이든 할 수 있다! 나는 이 세상이 두려울 게 없다! 이 세상은 나 혼자가 아니다!"라고.

큰 목소리로 따라 하던 소녀는 "이 세상은 나 혼자가 아니다!"라고 외칠 때 참았던 눈물을 터뜨리고 말았다. 판사는 소녀에게 무거운 형벌 대신 '일어나 외치기'로 판결을 내렸던 것이다.

판사는 재판을 앞두고 소녀의 안타까운 사연을 접했다. 이 소녀는 어려운 가정환경에도 불구하고 상위권 성적을 유지하면서 간호사를 꿈꾸던 발랄한 학생이었는데, 귀가 길에 남학생들에게 끌려가 집단 성폭행을 당했다. 그날 이후 소녀의 삶은 송두리째 바뀌었으며, 그 충격으로 학교를 겉돌더니 심지어 비행 청소년들과 어울려 다니면서 범행을 저지르기 시작했던 것이다. 판사는 눈물로 범벅이 된 소녀를 앞으로 불러 세운 후 말했다.

"이 세상에서 누가 제일 중요할까? 그건 바로 너야. 이 사실만 잊지 않는다면 지금처럼 힘든 일도 이겨낼 수 있을 거야."

그러고는 두 손을 쭉 뻗어 법정에 서 있는 소녀의 손을 잡아주었다. 방청석에 있던 소녀의 어머니는 물론 그 광경을 보던 많은 사람들이 눈물을 흘렸다.

판사는 소녀의 범죄 사실이 분명하고 수차례 전력이 있으므로 단순하게 처벌로 끝낼 수도 있었다. 그러나 그 판사는 소녀에게 해줄 수 있는 판결이 무엇인지 고민했다. 단순히 유무죄를 가리거나 형량을 결정하는 것이 판사의 일이라고 생각했다면 고민할 필요가 없었을 것이다. 하지만 그녀는 판사로서의 사명을 떠올렸다. 즉 아이를 올바른 길로 이끌어야 한다는 사명감을 먼저 생각한 것이다. 그 사명감이 아이를 진심으로 깨우치게 한 것이다.

강사에게도 사명감이나 가치관은 반드시 갖춰야 하는 요소다. 강사는 남을 가르쳐서 생각이나 행동의 변화를 이끌어내는 일을 업으로 삼는 사람이다. 변화를 이끌어내는 강사가 사명감이 없다면 결과는 불을 보듯 뻔하다. 강사가 어떤 마음가짐으로 강의를 하는지는 은연중에 청중에게 전달된다. 사명감이 결여된 강의는 오직 돈벌이 수단으로 전락하고, 자칫하면 불량식품처럼 사회에 해악을 끼친다. 간혹 사명감이나 가치관조차 없이 강의하는 분을 보면 안타까운 생각이 든다.

왕성하게 강의 활동을 하고 있는 어느 노신사를 만나 대화를 한 적이 있다. 그분이 자신의 강의 철학을 설파하는 동안 나는 그분의 이야기를 들으면서 온몸에 전율을 느꼈다. 자신이 보고 느낀 많은 것들을 미래의 꿈나무인 어린 학생들에게 전해줄 것이며, 죽을 때까지 그 일에 헌신하고 싶다고 말했다. 말 한마디 한마디에 사명감이 철철 넘쳤다. 그분은 정말로 강의를 위해 태어난 사람처럼 보였다. 아마 그분은 생을 마감할 때까지 자신의 본분을 다할 것이라는 확신이 들었다.

그런가 하면 반대의 경우, 즉 사명감이 없는 강사도 종종 보게 된다. 모임이나 세미나에서 많은 강사들을 만나다 보니 별의별 사람을 다 경험하게 된다. 그중에서 사명감이라는 걸 생각조차 안 해 본 강사들의 특징은 '대충 강의'한다는 것이다. 사명감이 없으니 '대충 시간이나 때우고 돈이나 받으면 된다'는 식이다. 그래도 전혀 죄의식을 느끼지 않고 당당하다. 사명감이 없는 강사들의 또 다른 특징은 '제목에 상관없이 언제나 똑같은 내용'이라는 것이다. 똑같은 내용을 제목만 바꿔서 여기 가서 강의하고 저기 가서 강의한다. 주제가 뭐가 됐든 내용은 안 바뀐다. 진정으로 그 조직에 필요한 내용을 주제에 맞게 고민하고 연구해서 맞춤형 강의를 해야 하는데, 사명감이고 뭐고 없으니 10년 넘게 똑같은 내용으로 강의하는 강사가 있다. 나는 이런 사람을 보면 커다란 비애를 느낀다.

심지어 강사가 강사를 상대로 사기에 가까운 행위를 하는 경우도 보았다. 초보 강사에게 접근해서 노하우를 전수해준다는 핑계로 고액의 돈을 받고 가르치는데, 가르치는 강사가 그 분야에 대해 수준이 한참 떨어지다 보니 결국 문제가 터지기도 한다. 자기한테 배우면 콘텐츠도 만들어주고 강의 자리도 소개해주겠다는 사탕발림을 해서 개인 교습을 시작하지만 결국 들통이 난다. 그런 강사는 오직 병아리 강사들을 상대로 자기 배만 채우는 독버섯 같은 존재일 뿐이다. 한마디로 '쓰레기 강사'다. 사명감 없이 이 일을 시작하면 쓰레기 강사로 전락하는 것은 시간문제다.

"1년 앞을 내다보는 사람은 꽃을 기르고, 10년 앞을 내다보는 사람은 나무를 기르고, 100년 앞을 내다보는 사람은 사람을 기른다"라는 말이 있다. 인재를 기르는 것이 얼마나 중요한지를 말해주는 단적인 표현이다. 특히 오늘날 같은 무한경쟁 시대, 지식기반 사회에서는 인재가 경쟁력의 원천이 되고 있다. 따라서 강사는 국가 경쟁력의 원천인 인재를 양성하는 데 일익을 담당하는 사람이다. 강사의 활동 하나하나가 국가 경쟁력 창출의 밑알이 된다. 바로 이런 점에 자부심과 사명감을 가져야 한다.

'인재 육성을 통한 국가의 신경쟁력 창출!'

이것이 내가 강의를 하겠다고 처음 결심했을 때부터 수립한 가치이자 사명이다. 내 강의를 통해 개인의 역량이 향상되면, 그것이 조직 경쟁력 강화에 보탬이 된다. 조직의 경쟁력이 축적되면 국가의 경쟁력 창출에 기여하게 된다. 그래서 내 강의가 국가 발전의 밑알이 될 것이라는 마음으로 강의를 해왔다. 단 한순간도 이 사명을 잊어본 적이 없다. 그렇기에 매 강의마다 지극정성과 혼을 쏟을 수 있었다.

강의를 돈벌이 수단으로만 생각하면 버티기 힘들 수 있다. 수입이 좋을 때야 괜찮지만 수입이 안 좋을 때는 바로 흔들린다. 그러니 돈을 더 많이 버는 곳을 찾아가는 게 낫다.

상위 1% 명강사들은 철저하게 사명감으로 무장하고 있다. 그렇기에 강의를 진심으로 사랑하고 늘 즐긴다. 힘들고 어려운 일이 있어도 절대 포기하지 않는다. 꾸준히 성장하고 싶은가? 그렇다면 자기 나름대로의 사명감을 정립하라. 그 사명감이 명강사의 길로 안내해 줄 것이다.

타성에 젖으면 성장은 없다

지금은 지식 반감기 시대다. 날마다 새로운 정보가 끊임없이 쏟아지다 보니 우리는 그 말의 의미를 몸소 체험하면서 살아가고 있다. 새로운 정보로 말미암아 작년에 배운 지식이 올해에는 그 효용가치가 절반으로 떨어지고, 내년에는 그 절반, 내후년에는 그 절반으로 줄어들어서 3년만 지나면 거의 무용지물이 될 정도다. 이런 상황이다 보니 어떤 일을 하며 살아가든 상관없이, 진보하지 않는 것은 곧 퇴보를 의미한다.

잘나가는 대기업들은 끊임없이 연구개발을 한다. 이를 게을리해서 현재에 안주하면 어느 순간 경쟁사에 밀리고 시장에서 도태

될 수밖에 없기 때문이다. 성장을 멈춘다는 것은 시장 퇴출과 동의어다. 그래서 현대 경영학의 대가 피터 드러커는 이런 말을 했다.

"진정한 프로페셔널의 조건은 끊임없는 자기계발이다."

도태되고 싶지 않다면, 끊임없이 성장하고 싶다면 현대인의 자기계발은 이제 선택이 아니라 필수다. 강사 역시 예외가 아니다.

늘 다정한 이웃집 아저씨 같은 뽀빠이 이상용. 우리나라 최고 입담꾼 중의 하나인 그는 과거 국군 위문공연의 대명사인 TV 프로그램 〈우정의 무대〉 MC로 널리 알려져 있다. 현재 70대의 고령임에도 불구하고 나이가 무색할 정도로 왕성한 활동을 하고 있다. 뿐만 아니라 재치 있고 유머 넘치는 입담은 아직도 녹슬 줄을 모른다. 방송 연예계는 약육강식의 생존 경쟁이 치열한 곳이다. 잠시만 한눈을 팔면 흔적도 없이 사라지는 정글과 같은 곳이다.

그런 곳에서 어떻게 긴 세월 동안 정상의 자리를 지켜올 수 있었는지 그 비결이 참으로 궁금했다. 어떻게 지금도 날마다 새로운 레퍼토리로 좌중을 휘어잡는지, 샘물 솟듯 마르지 않고 나오는 그 입담의 비결이 궁금했다. 그 수수께끼의 해답을 그분이 출연한 방송에서 알 수 있었다. 뽀빠이 아저씨는 토크쇼에서 자신의 강점을 한마디로 요약했다.

"늘 공부하고 메모했어요."

역시 좌중을 휘어잡는 재치와 유머 감각은 그냥 나오는 게 아니었다. 타의 추종을 불허하는 탁월한 진행 솜씨가 타고난 천성인 줄 알았던 나의 생각이 여지없이 무너졌다.

"책을 보면서 중요하고 재미있는 걸 메모해왔어요. 34년 동안!"

그러면서 꼼꼼히 정리한 노트를 보여주는데 상상을 초월했다. 그 분량이 무려 88권이었다.

뽀빠이 아저씨는 유익한 농담과 교훈을 꼼꼼히 기록해오고 있었다. 이런 노력이라면 아이디어가 절대 고갈될 일은 없을 것이다.

"나이 먹었지, 키 작지, 못생겼지, 그런데 공부마저 안 하면 쓸데가 없죠. 뭔가 한 가지라도 뛰어나지 않으면 쓸모가 없어요."

"이것만 가지면 100년을 써먹어도 될 정돕니다. 레퍼토리가 3만 2000가지예요. 그중에 내 머릿속에 만 개 정도는 들어 있어요. 그러니 마이크만 잡으면 아무것도 없이 8시간은 진행할 수 있어요."

바로 이것이 뽀빠이 아저씨의 샘솟는 레퍼토리 비결이었다. 강사들은 뽀빠이의 마르지 않고 샘솟는 입담 비결을 묻지도 따지지도 말고 복제해야 한다. 늘 공부하고 메모하는 습관, 바로 그 습관이 30여 년 동안 롱런할 수 있었던 비결이다. 소문난 명강사들 또한 자기만의 이야기 주머니를 가지고 있다. 끊임없는 자기계발, 그것이 바로 상위 1% 명강사들의 특급 비밀이다.

스케줄이 바빠서 자기계발을 할 시간이 없다고 생각하는 사람이 있을 것이다. 하지만 과연 뽀빠이 아저씨보다 스케줄이 바쁘다고 말할 수 있을까? 그런 사람은 이렇게 말하고 있는 셈이다.

"운전을 하는데 갈 길이 너무 바쁘다 보니 기름 넣을 시간이 없었습니다."

자기계발은 '시간이 나서' 하는 게 아니다. '시간을 내서' 하는 것이다. 투자할 시간이 없다는 것은 핑계나 변명에 불과하다. 그러한 핑계나 변명을 댄다면 결국 누가 손해를 보는가? 바로 자기 자신이다.

강사는 남에게 지식을 전달해서 사고와 행동의 변화를 촉진하는 사람이다. 그렇기에 누구보다도 많은 공부와 연구가 필요한 직업이다. 또한 청중에게 말로만 이렇게 하라고 할 것이 아니라, 강사의 삶 자체가 모범이 되어야 한다. 그럼에도 불구하고 10여 년 전에 만든 교안 하나로 계속 우려먹으려 한다면 시대착오적인 사람이다. 혹시나 인터넷에 떠도는 자료들을 적당히 편집해서 강의하고 있거나, 남의 자료를 슬쩍 베껴서 강의하고 있다면 시장에서 도태되는 것은 시간문제다. 끊임없는 연구 속에서 최고의 상품, 즉 최고 품질의 강의가 탄생한다.

한국강사협회 회장을 지낸 조관일 박사는 이런 말을 했다.

"강의 주제 하나를 잡았다면 그에 관한 책 30권 정도는 독파해야 한다. 그래야 콘텐츠가 충실해진다. 그렇게 하고 있는가?"

배우고 갈고닦고 날마다 성장해야 한다. 그래야 살아남는다. 몇 년 전에 우리나라를 다녀간 저명한 미래학자 앨빈 토플러는 이런 말을 했다. 너무나 의미심장한 말이라 몇 번이고 곱씹어도 좋다.

"21세기의 문맹은 글을 쓰지 못하는 사람도 아니요, 글을 읽지 못하는 사람도 아니다. 지금까지의 문맹은 그러했으나, 앞으로의 문맹은 배우려 하지 않는 사람, 낡은 지식을 버리려 하지 않는 사람, 재학습을 하지 않는 사람이다."

창작의 진통에서 희열을 맛보다

　　　　　임산부가 아이를 낳기까지는 많은
고통이 뒤따른다. 나는 남자라서 그 고통을 잘 모르지만, 아내가 아
이를 낳을 때 옆에서 지켜보며 애간장을 태웠던 기억이 난다. 그 출
산의 고통이 어느 정도일까 싶어 인터넷을 검색해보았더니 다양한
비유들이 있었다. '살을 도려내는 느낌이다, 콧구멍에서 밥그릇만
한 게 나오는 느낌이다, 배 위로 탱크가 지나가는 느낌이다, 누군가
내 몸에 칼을 꽂고 뒤흔드는 느낌이다, 혀를 내밀어서 뒤통수에 닿
게 하는 것과 같다' 등. 이런 표현을 보면 출산의 고통은 상상을 초
월하는 것 같다.

내 아내도 본격적인 진통 시작과 더불어 아이를 낳는 데 무려 12시간이나 걸렸다. 초저녁인 7시부터 사투를 벌이기 시작해 자정을 넘기더니 다음 날 아침 6시 반경에 아이를 낳았다. 결국 기다림의 간절함이 극에 달하고서야 아이를 볼 수 있었다. 아내는 초주검 상태였지만, 아이 울음소리가 들렸을 때의 그 기쁨과 환희는 이루 말할 수가 없었다. 아이를 본 순간 내 눈에서도 눈물이 주르르 흘러내렸던 기억이 생생하다.

강의 콘텐츠를 만드는 과정도 마치 아이가 탄생하는 것처럼 출산의 고통을 겪는다. 창작하는 과정에서 쥐어짜고 또 쥐어짜다 보면 머리에 쥐가 날 정도다. 길을 걸으면서, 버스 안에서, 자면서도 온통 콘텐츠 생각뿐이다. 이렇게도 만들어보고 저렇게도 만들어보고 수많은 시행착오를 거쳐 하나의 콘텐츠가 완성되는 순간, 그 환희와 희열은 이루 말로 표현할 수 없다. 진통을 겪은 것만큼 그 기쁨은 두 배가 되기도 한다. 창작의 고통 역시 아이를 낳을 때처럼, 콘텐츠를 낳는 환희와 희열을 극대화하기 위한 과정일지 모른다. 그런 과정을 거치면 여러 가지 이점이 있다.

첫째, 스스로 알을 깨고 나온 만큼 성장한다.

날마다 1밀리미터씩 성장하는 것을 느낄 수 있다. 그것이 쌓이면 어느 순간 기하급수적으로 성장하게 된다. 어느새 내공이 쌓여 무림의 고수가 되는 것이다. 어느 날 갑자기 명강사가 되는 사람은 없다. 이러한 과정을 반복하다 보면 업계의 1% 안에 들게 된다.

둘째, 그 콘텐츠를 완벽하게 내 것으로 만들게 된다.

다른 강사가 하는 말을 적당히 흉내나 내는 앵무새가 아니라, 완전히 차별화된 콘텐츠가 된다. 차별화된 콘텐츠는 경쟁력이 있기에 여기저기서 불러줄 공산이 상당히 높다. 넘버 원(No. 1)보다 온리 원(Only 1)을 목표로 삼아라.

셋째, 자생력이 생긴다.

창작하는 과정에서의 경험이나 노하우는 다른 분야의 콘텐츠를 만들 때도 응용할 수 있다. 무에서 유를 창조한 그 경험에서 자신감이 쌓인다. '아하, 이렇게 하는 거구나' 하는 노하우를 스스로 터득하게 된다.

이러한 장점들이 있는 만큼 강의 콘텐츠는 직접 만드는 것이 중요하다. 그런 일련의 과정을 피하지 말고 정면으로 받아들이는 것이 바람직하다. 다른 사람의 콘텐츠를 베끼려 하지 말고, 정성을 다해 자신만의 콘텐츠를 창작해야 한다. 소문난 명강사들의 콘텐츠는 모두 창작품이다. 이것이 바로 상위 1% 명강사들만의 특급 비밀이다.

콘텐츠를 쉽게 구하는 방법이 없을까 고민해서는 안 된다. 강사라면 누구나 창작이라는 진통을 건너뛰어 쉽게 만들고 싶은 충동을 느낄 수 있다. 그런 악마의 유혹을 과감히 뿌리쳐야 한다. 그 유혹을 이기지 못한 일부 강사들은 콘텐츠를 스스로 만들지 않고 남의 것을 아무런 죄의식 없이 베끼는 경우가 있다. 당장에는 편해도 결국에는 독이 된다.

애벌레가 껍질을 스스로 벗어야 성충이 되고, 병아리는 스스로 알을 깨고 나와야 건강한 닭이 될 수 있다. 창작의 고통과 노력을 피하면 결코 명강사가 될 수 없다.

어느 강사의 강의를 들을 때였다. 그 강사가 강의 슬라이드 첫 장을 펼치는데 깜짝 놀랐다. 내가 잘 아는 명강사 A의 강의 슬라이드 표지와 너무나 흡사했기 때문이다. 게다가 강의를 하는데, A가 하는 멘트를 토씨 하나 틀리지 않고 그대로 따라 하고 있었다. 남의 콘텐츠를 마치 자신의 창작품인 양 태연하게 도용하고 있었다. 나는 그 강사에 대해 강한 의구심이 들었다.

"저 강사는 윤리 도덕을 안 배웠나?"

"저런 사람이 과연 남을 가르칠 자격이 있나?"

"저 강사는 과연 얼마나 알고 떠들고 있는 것일까?"

강의 업계에도 엄연히 상도의라는 것이 있다. 저작권 등록이 안 되어 있으니 차용해도 무방하다는 자세를 취한다면 어쩔 도리가 없다. 하지만 도덕적으로는 지탄받을 일이다. 나중에 알고 보니 그 강사는 남이 심사숙고해서 만든 강의 제목까지 거리낌 없이 베껴 쓰는 철면피였다. 기업체에 강의 제안서가 들어간다면 누구 것이 원조인지 담당자는 모를 수 있다. 자신의 콘텐츠가 도용당한 사실을 알면 원조 강사는 얼마나 분통이 터질까?

남의 것을 베끼면 결코 일류가 될 수 없다. 아무리 잘해도 이류밖에 안 된다. 남이 잡은 고기를 훔치면 잠깐의 배고픔은 면할 수 있다. 하지만 고기를 잡는 방법을 모르기 때문에 배가 고프면 또다시 남의 것을 훔쳐야 한다. 고기 잡는 법을 터득한 사람은 자생력이 있어서 남의 것을 탐하지 않고도 스스로 살아갈 수 있다. 어떤 주제의 강의 요청이 와도 자신이 창작한 콘텐츠를 가지고 강의에 임해야 한다.

나도 초기에 콘텐츠를 만들 때 많은 진통을 겪어야 했다. 예를 들어 리더십을 주제로 한 콘텐츠를 만드는 데 무려 두 달 넘게 걸렸다. 관련 서적을 15권 이상 독파했으며, 오프라인 강좌는 물론 온라인 강좌도 몇 개씩이나 들었던 기억이 생생하다. 어떠한 메시지를 던질지, 논리적 흐름을 어떻게 구성해야 할지, 어떻게 해야 청중이 지루하지 않을지 등등 수많은 고민의 시간을 가졌다. 어두운 터널 속에 갇혀 끙끙댄 적이 한두 번이 아니었다.

그렇게 많은 시간이 걸렸지만 작품 하나가 탄생했을 때의 기쁨은 상상 초월이었다. 엄청난 공부를 통해 내가 한층 성장한 기분이 들었다. 슬라이드 만드는 솜씨도 일취월장했다. 앞으로 어떤 주제가 주어져도 만들 수 있다는 자신감이 생겼다. 이런 과정을 거치면서 자생력이 배양되었다는 것이 가장 큰 수확이었다. 어찌 생각해

보면 단순하고 무식한 방법일지도 모른다. 분명한 사실은 그 무식한 방법이 나를 명강사의 길로 안내해주었다는 것이다.

강의에도 예술의 경지가 있다

　　최근 강의 시장을 들여다보면 평범한 직장인부터 가정주부, 은퇴자, 연예인, 전문직 등 매우 다양한 직종에서 종사하는 사람들이 시장에 진입하는 것을 알 수 있다. 그중에는 청중을 들었다 놨다 할 정도로 강의를 잘하는 분이 의외로 많다.

　이렇게 경쟁자가 늘어나는 상황에서 강사의 경쟁력을 갖추기 위해서는 어떻게 해야 할까? 그 답은 강의를 과제의 수준이 아니라 '예술의 경지'로 끌어올리는 것이다. '누구에게도 부끄럽지 않은 수준의 강의'를 하라는 얘기다. 이것이 체질이 되면 어느 순간 강의 역량이 기하급수적으로 폭발하는 날이 온다. 자기 자신이 봤을 때

부끄럽지 않을 정도가 되어야지, '남들은 저 정도 하니까, 이 정도면 됐다'고 자신과 타협하는 순간 경쟁에서 밀려난다.

그렇다면 예술의 경지에 이른 강의는 어떤 강의일까? 내 친척 중에 유명한 도예가가 있다. 여주나 이천에서 도예전이 열릴 때마다 초청받을 정도로 이름이 꽤 알려진 예술가다. 그분의 공방에 가서 찰흙으로 도자기를 빚어본 적이 있다. 나는 아무리 만지작거려도 모양이 예쁘게 만들어지지 않았다. 하지만 그분은 손만 대면 신기할 정도로 훌륭한 모양을 빚어냈다.

그런데 내가 보기엔 훌륭한데도 그분은 맘에 안 들면 그 자리에서 찌그러뜨렸다. 아마 스무 개 중에 열다섯 개 이상을 폐기하는 것 같았다. 누가 봐도 부끄럽지 않을 정도, 특히 자기 자신이 만족스럽지 않으면 가마로 가져가서 구울 수가 없다고 한다. 그렇게 엄선한 것만 가마에 구웠더니 상당히 아름다운 도자기가 나왔다. 그런데 그는 또 그 자리에서 스무 개 중에 열다섯 개 이상을 망치로 깨버렸다. 역시 스스로 만족스럽지 않기 때문이란다. 내가 아까운 마음에 깨부수지 말고 달라고 하자 절대 허락하지 않았다. 예술가의 자존심이 허락하지 않기 때문이란다.

그분에게 완성된 작품의 기준은 하나였다. 그것은 누가 봐도 부끄럽지 않을 정도의 수준, 자신이 만족스러울 정도의 수준까지 끌어올린다는 것이다. 이처럼 도자기 하나를 만드는 데 그분은 각 단계마다 '정성과 혼'을 담았다. 이런 장인 정신이 바로 예술가가 걸작을 만드는 비결일 것이다.

얼마 전 TV에서 〈불후의 명곡〉이라는 프로그램을 볼 때였다. 차지연이라는 뮤지컬 가수가 송대관의 '네 박자'를 편곡해서 노래했다. 소위 '뽕짝'이라서 처음에는 아무 생각 없이 봤는데, 점점 노래에 빨려들어갔다. 온몸에 전율을 느낄 정도였다. 자신을 불살라 열창하는 모습, 혼을 담아 노래하는 모습은 나에게 문화적인 충격으로 다가왔다.

'아, 노래 한 곡을 부르는 데도 저렇게 혼을 담아서 하는구나!'

역시나 관객들의 박수는 끊이질 않았다. 나 역시 한참 동안 감동의 여운에 젖었다. 이런 것이 예술의 경지라는 생각이 들었다. 내 강의가 지향해야 할 방향, 혼을 담아 예술의 경지로 끌어올리는 강의! 바로 그것이 상위 1% 명강사의 반열에 오르는 길이다.

상위 1% 명강사들은 슬라이드 한 장도 절대 대충 만들지 않는다. 나도 슬라이드 한 장을 만들기 위해 얼마나 많은 시간을 투자했는지 모른다. 이렇게 만들어야 청중이 쉽게 이해할까, 저렇게 만들어야 할까. 디자인은 이게 나을까, 저게 나을까. 숱한 고민과 연구를 하느라 밤을 지새운다. 또한 슬라이드에 맞는 사진 한 장을 얻기 위해 얼마나 많은 시간을 인터넷 검색에 투자했는지 모른다. 이렇게 강의 교안을 만드는 과정은 앞서 도자기를 만드는 예술가와 비슷하다. 나 역시 내가 만족스럽지 않으면 다음 단계로 넘어가지 못하기 때문이다.

그런데 가끔 어떤 강사들은 남이 만든 슬라이드를 도용하거나 약간 수정하는 식으로 아주 쉽게 슬라이드를 만든다. 그런 슬라이드에는 영혼이 없다. 영혼이 깃들지 않은 슬라이드로는 청중을 설득할 수 없다. 바로 이런 사소한 차이가 상위 1%로 가느냐 가지 못하느냐의 갈림길이다. 슬라이드 하나를 만들더라도 한 장 한 장 정성과 혼을 담아야 하는 이유다.

또한 상위 1% 명강사들은 강의를 전개하는 시나리오가 매우 치밀하다. 어느 시점에 청중에게 질문을 던지고 호응을 유도할지 등을 치밀하게 사전에 계산한다. 이렇게도 바꿔보고 저렇게도 바꿔보고 하면서 숱한 고민과 연구를 거듭한다. 나도 다 만든 슬라이드를 뒤엎어본 경험이 수도 없이 많다. 내가 만족할 때까지, 논리적으로 탄탄하고 감동까지 주는 강의가 만들어질 때까지 밤을 꼬박 새우는 날이 많았다.

이런 과정을 거쳐 강의를 할 때 청중은 강의 내용에 강사의 혼이 담겨 있음을 느낀다. 자신도 모르게 강사에게 빨려들어간다.

진심과 진정성은 반드시 통한다

제갈성렬이라는 스피드 스케이팅
선수가 있었다. 그 선수는 국가대표를 10여 년 했을 정도로 우리나
라를 대표하는 선수였지만 아시아에서는 상위권, 세계 순위는 20위
권 밖에 머물렀다. 어느 날 그는 빙상 월드컵에 참가하기 위해 미국
미네소타 공항에 내렸다. 일면식도 없는 교포 의사가 그를 기다리
고 있었다. 그 의사는 어느 교포 여고생을 살려야 한다면서 도와달
라고 말했다.

"그 소녀는 발레리나의 꿈을 안고 미국까지 유학을 와서 누구보
다도 열심히 연습했는데, 밤늦게 귀가하던 중 불의의 교통사고를

당했습니다. 그 아이는 삶의 의미를 잃고 모든 치료를 거부하고 있습니다. 제발 그 아이를 도와주세요."

제갈성렬 선수는 본인도 큰 부상을 입은 경험이 있어서 그 마음을 너무나 잘 알기에 한달음에 병원으로 달려갔다. 하지만 그 소녀는 아예 벽 쪽으로 돌아누워 제갈성렬에게 눈길조차 주지 않았다. 보나마나 자신을 설득하러 왔을 거라고 생각하고 마음의 문을 닫아버린 것이다. 그런 모습이 너무나 안타까웠던 제갈성렬은 조금이라도 도움을 주고 싶어서 자신이 겪었던 일을 말해주었다. 자신도 릴레함메르 동계 올림픽을 앞두고 복사뼈가 여섯 조각이 나는 큰 부상을 당해서 실의에 빠졌던 이야기, 하지만 포기하지 않고 재활을 통해 기적적으로 올림픽에 참가하여 중위권에 입상한 이야기 등을 들려주며 치료받을 것을 권했다. 그렇게 진솔한 마음을 담아 이야기했는데도 그 소녀는 꼼짝도 하지 않았다. 제갈성렬은 "이번 월드컵에서 내가 널 위해 금메달을 따주마. 내가 약속을 지키면 너도 치료받고 재활치료를 받겠다고 약속해달라"고 하며 그 소녀와 새끼손가락을 걸고 숙소로 돌아왔다.

제갈성렬은 세계 순위가 20위권 밖이었기에 금메달을 따겠다는 약속은 당치도 않았다. 스피드 스케이팅은 기록경기라서 그것은 애초에 불가능한 약속이었다. 하지만 그는 '소녀를 살려야 한다'는 일념으로 죽을힘을 다해 달렸고 금메달을 두 개나 따내는 기적을 이뤄냈다. 다음 날 교민 축하 행사에 참석했는데 감독이 그의 어깨를 툭툭 치며 말했다.

"야, 왔어. 왔어."

감독이 가리키는 곳을 보니 꿈쩍도 안 하던 그 소녀가 휠체어를 타고 나타났다. 몸을 제대로 가누지도 못하던 소녀는 누구의 부축도 없이 목발을 짚고 제갈성렬 선수에게 걸어왔다. 그 소녀는 힘들게 한 걸음 한 걸음 다가와서 제갈성렬에게 쓰러지며 말했다.

"오빠! 나도 약속 지켰어요. 나도 이제 치료받고 재활치료도 받을게요."

둘은 부둥켜안고 한없이 울었다.

그 발레리나 소녀의 '마음의 벽'은 높고 견고했다. 에베레스트 산보다 높았다. 그런데 그 벽이 어떻게 무너졌을까? 기록 갱신이나 입상이 불가능한 것을 알면서도 약속을 지키고자 최선을 다하고 결국 약속을 지킨 제갈성렬 선수의 진정성을 소녀는 알고 있지 않았을까?

진정성 있는 강의는 청중을 감동시키고 동기부여할 수 있다. 그러므로 열과 성을 다해 애타는 심정으로 진정성 있게 강의해야 한다. 바로 이 진정성이 상위 1% 명강사들만의 특급 비밀이다. 청중은 저 강사가 말재간으로 강의하고 있는지 진실한 마음으로 정성껏 강의하고 있는지 쉽게 간파한다. 말만 번드르르하면 청중은 강의의 진정성을 의심한다. 일단 의심이 생기면 그 어떤 말에도 설득되지 않는다. 현란한 말재주나 기교 좀 부린다고 해서 청중이 감동하거나 동기부여가 되지 않는다. 하지만 강사가 진정성이 있으면 말은 좀 어눌해도 진한 감동을 안겨줄 수 있다.

KBS의 〈강연 100℃〉라는 프로그램을 본 적이 있는가? 그 강연을 시청하다 보면, 나도 모르게 가슴이 뭉클해지고 눈가에 눈물이 맺힐 때가 있다. 무엇이 내 마음을 흔들어놓은 걸까? 그분들의 강의 기법이 뛰어나서? 전혀 그렇지 않다. 그 프로그램에 나와 강연을 하는 사람들은 대부분 평범한 일반인이다. 전문 강사도 아니고, 강의 기법을 따로 배워본 적도 없는 사람들이다. 그들의 말은 어눌하기 짝이 없다. 그럼에도 불구하고 우리가 공감하고 감동하는 이유는 그들의 진정성 있는 사연 때문이다. 강의 기법이 미흡해도, 말은 어눌해도, 내 말과 강의에 진정성을 담아 표현하면 사람의 마음을 움직일 수 있다.

누구나 넘어지고 쓰러지면서 배운다

세계적인 베스트셀러이며 국내에서도 화제가 되었던 《마인드 파워》라는 책이 있다. 강연자이자 작가인 존 키호가 마인드 파워에 대해 수년 동안 깊이 연구하여 쓴 책이다. 특히 자신의 삶에 실제로 적용해서 놀라운 결과를 낸 체험을 담았기에 많은 독자들의 공감을 얻었다. 그 책에 이런 말이 있다.

"당신이 생각하는 모든 것은 곧 힘이며, 에너지다. 약하고 산만한 생각은 약하고 산만한 힘이 되고, 강하고 집중된 생각은 강하고 집중된 힘이 된다."

그렇다. 인간의 마음은 정원과도 같다. 긍정적인 씨앗을 뿌려놓으면, 내 마음은 긍정의 꽃과 열매가 자라나는 아주 아름다운 정원이 된다. 그러나 부정의 씨앗을 뿌려놓으면, 온갖 잡초와 잡목이 자라는 황폐한 정원이 된다.

강의를 할 때도 마찬가지다. 강사가 강단에 서기 전부터 '실패하면 어떡하지?'라는 두려움을 갖고 시작하면 반드시 그런 결과가 나타난다. 그러나 자신감을 갖고 강의에 임하면 성공할 확률이 대단히 높아진다. 청중 앞에 서는 것이 두렵다는 사람들은 대개 이런 이유를 든다.

"바보처럼 보일까 봐, 창피당할까 봐……."

"아무 생각도 나지 않을 것 같다."

"사람들에게 주목받는 게 두렵다."

"외모에 자신 없다, 얼굴이 붉어진다."

"말주변이 없다, 목소리가 떨린다."

이렇게 말하는 사람들에게 내가 이런 말을 한다면 어떤 생각이 들까? "야, 너는 말주변도 없고 남 앞에만 서면 얼굴도 빨개지고 목소리까지 떨리잖아. 게다가 인물도 변변찮고……. 너는 아예 강단에 안 서는 게 나을 것 같은데?" 아마도 몹시 불쾌해하면서 나에게 욕을 하거나 주먹을 한 방 날려주고 싶을 것이다.

바로 여기에 내가 하고 싶은 얘기가 숨어 있다. 남에게 들으면 도저히 용서 못할 이야기를 왜 내가 나 자신에게 하고 있느냐는 것이다. 이 세상에 가장 위대한 신은 '나 자신'이라는 말도 있다. 강한 자신감으로 반드시 성공적인 강의를 할 수 있다는 믿음을 가져야 한다.

처음부터 잘하는 사람은 아무도 없다. 처음에는 실수도 하고 실패도 하면서 자신감과 노하우를 축적해나간다. 갓난아기는 뒤로도 넘어져 보고, 앞으로도 자빠져 보면서 걸음마를 배운다. 자전거도 넘어지면서 배운다. 수많은 실패를 거듭하면서 자신감과 노하우를 축적하게 된다. 비록 실수는 할망정, 성공할 수 있다는 자신감을 가지고 강의에 임해야 한다.

국민 MC 하면 누구나 유재석을 떠올린다. 그러면 유재석이 처음부터 그렇게 방송을 잘했을까? 그렇지 않다. 유재석도 엄청 버벅거리던 시절이 있었다. 방송 연예 프로그램에서 PD들이 리포터 교육을 할 때 쓰는 동영상이 있다. 올바른 리포터 사례로 제시되는 것은 김태진이나 김생민의 동영상이다. 반면 잘못된 리포터 사례는 바로 유재석의 동영상이다.

유재석의 신인 시절 방송 모습을 담은 그 동영상은 배꼽을 잡게 한다. 손을 부들부들 떠는 모습, 말이 꼬이는 모습, 대본을 까먹어 버벅거리는 모습, 정부 부처 이름을 잘못 말하는 모습 등 실수를 연발하며 땀을 뻘뻘 흘리는 모습이 가관이다. 국민 MC 유재석도 찌질했던 시절이 있었다. 처음부터 잘하는 사람은 없으니 결코 위축되지 말고 자신감을 가지고 강의에 임해야 한다.

자신감을 키우는 좋은 방법 중의 하나가 자기 암시다. 할 수 있다고 끊임없이 자기 암시를 해야 한다. 더 나아가 미래의 성공적인 강의 장면을 생생하게 상상해보라. 이미지 트레이닝을 통해 성공한 미래의 모습을 시각화하면 성공 확률을 높일 수 있다. 많은 운동선수들이 이미지 트레이닝을 통해 놀라운 성과를 내고 있다.

동계 올림픽 스피드 스케이팅 분야에서 전무후무한 대기록을 세운 사람이 있다. 동계 올림픽 최초로 5관왕을 차지한 미국의 에릭 하이든이다. 그는 스피드 스케이팅의 전설로 불린다. 그가 1980년 레이크플래시드 동계 올림픽에서 5관왕을 차지하자 많은 기자들이 질문을 했다.

"당신은 추운 날씨에 그 힘든 훈련을 어떻게 이겨냈습니까?"

그러자 그는 이렇게 대답했다.

"저는 춥다고 생각해본 적이 없습니다. 훈련이 힘들다고 생각해본 적도 없습니다. 왜? 저는 올림픽에서 금메달을 따는 모습을 생생하게 상상했기 때문입니다."

기자가 좀 더 자세히 설명해달라고 하자 이렇게 대답했다.

"제가 금메달을 따서 목에 걸고 있는 모습, 눈앞에 성조기가 올라가는 모습, 장내에 국가가 울려퍼지는 모습, 그 장면을 보면서 감동의 눈물을 흘리는 사람들의 모습 등을 생생하게 상상하며 훈련을 해왔습니다. 그러니 제가 뭐가 춥고 뭐가 힘들었겠습니까?"

에릭 하이든의 성공 비결은 금메달을 따는 미래의 모습을 생생하게 상상한 것이었다. 지금은 많은 운동선수들이 이런 이미지 트레이닝으로 효과를 보고 있다. 내가 아직 경험이 많지 않고 부족하다고 느끼고 있다면, 밀려오는 두려움이 너무나 크다면 꼭 한 번 시험해보기를 권한다. 나도 초보 시절에 이 방법을 많이 활용했다. 성공적으로 강의를 끝내는 모습, 청중이 기립박수를 쳐주는 모습, 강의 후 사람들이 나에게 기념사진을 찍자고 하는 모습, 교육 담당자가 명강의를 해줘서 고맙다고 연신 인사하는 모습 등을 생각하며 자신감을 가졌던 기억이 난다.

명배우도 수십 번의 리허설을 한다

명연기를 펼치는 영화배우는 자신의 배역을 집중 탐구하는 것은 물론, 그 인물과 자신을 동일시한다. 배역에 완전히 빙의되어 감정을 이입한다. 배역에 익숙해질 때까지 연습하고 또 연습한다. 명연기는 그렇게 탄생한다. 대본만 한 번 훑어보고 촬영장에 나가는 명배우는 단 한 명도 없다. 아카데미상을 수상한 배우들도 반드시 리허설을 한다. 이들은 대부분 무명 시절 단역을 맡아 한 장면, 한 컷을 찍기 위해 몇 날 며칠을 연습하고 또 연습하는 과정을 거쳤다. 〈거침없이 하이킥〉이라는 시트콤에 출연하여 큰 인기를 끌었던 서민정은 넘어지는 장면 하나를 위해 50번

이상 넘어지는 연습을 했다고 한다.

세상에 어디 연기자만 그런가? 가수도 마찬가지다. 노래 한 곡이 길어봐야 5분인데 그 한 곡을 완성하기 위해 리허설을 몇 달에 걸쳐 한다. 몇 년 전 〈나는 가수다〉라는 프로에서, 국민가수로 불리는 인순이와 김건모도 노래 한 곡을 부르기 위해 일주일 넘게 맹연습하는 장면을 볼 수 있었다.

달변가들은 또 어떤가? 소설가 황석영은 문단에서 최고의 이야기꾼으로 통한다. 지금은 잘 하지 않지만 그의 가장 유명한 레퍼토리는 뱀 장수 흉내였다. 그가 허리띠를 뽑아 들고 장터를 떠도는 뱀 장수 흉내를 낼 때면 좌중이 뒤집어졌다. 그러나 그가 뱀 장수 이야기를 완벽하게 해내기 위해 혼자서 수없이 연습한 사실은 잘 알려져 있지 않다.

명배우, 명가수, 달변가의 공통점은 바로 끊임없는 리허설이다. 그것이 바로 명배우가 된 비결이요, 명가수가 된 비결이요, 달변가가 된 비결이다. 우리는 그 비결을 복제해야 한다. 상위 1%의 명강사들은 바로 그들의 성공 비결을 훔친 사람들이다.

일반적으로 강사는 최소 한 시간 이상을 강의한다. 가수가 5분짜리 노래 한 곡을 위해 그 많은 시간을 투자한다면, 강사들은 얼마나 리허설을 해야 할까? 명강사가 되는 비결은 간단하다. 강의가 익숙해질 때까지 수차례 수십 차례 리허설을 하는 것이다.

내가 강의 코칭을 하면서 리허설의 중요성을 강조하면 강사들은 다 알고 있다고 말한다. 그런데 실천에 옮기는 강사는 의외로 많지 않다. 실천하지 않는 강사가 실천하는 강사보다 많기 때문에 강의 시장이 명강사들만의 리그가 되는 것이다.

상위 1%의 명강사들은 리허설을 통해 '알 수 없는 함정'을 예방한다. 강의 중에 도처에 도사리는 함정이나 돌발 변수를 미리 예방한다. 그래서 자신이 계획하고 준비한 대로 강의를 진행한다. 그렇다면 '알 수 없는 함정'이란 무엇일까?

예를 들어 거울을 보며 혼자 연습하면서 이런 말을 생각하고 있었는데, 막상 입에서 튀어나오는 말은 전혀 다르다면? 이런 것이 '알 수 없는 함정'이다. 이런 함정이 도처에 도사리고 있기 때문에 리허설을 통해 이런 것들을 미리 찾아내야 한다. 리허설의 목적은 실수를 찾아내서 이를 반복하지 않도록 하는 것이다.

리허설은 청중이 앞에 있다고 생각하고 실전처럼 해야 한다. 실제로 말을 하면서 사례, 단어, 용어 및 문장 표현이 적절한지를 스스로 검증해야 한다. 물론 시선 처리나 제스처 등도 당연히 함께 연습해야 한다. 또 어느 시점에는 질문을 던지고, 어느 시점에는 청중의 호응을 유도하는 장면도 실전처럼 연출해야 한다.

어떤 분에게 강의 코칭을 할 때의 일이다. 그분에게 사전에 리허설을 충분히 해오라는 당부를 했다. 며칠 뒤 그분이 막상 시범 강의를 하는데 총체적인 부실투성이였다. 쓸데없는 말을 하거나 논지에서 벗어나 집중력이 떨어지고 횡설수설하는 모습이었다. 자신감도 없어 보였다. 어디서부터 어떻게 코칭을 해야 할지 막막했다. 아마도 리허설을 안 하고 온 것이 분명했다. 그래서 나는 5분 만에 시범 강의를 중단시키고 조심스럽게 물어봤다.

"강사님, 리허설을 하고 오셨습니까?"

"네, 하고 왔습니다."

한 번 더 물어보는 것은 예의가 아닌 듯해서 이렇게 요구했다.

"그러면, 강사님께서 리허설 할 때의 그 모습을 그대로 재현해주시겠습니까?"

그랬더니 그분은 알겠다면서 책상 앞으로 가서 앉더니 턱을 괴고 컴퓨터를 보며 혼자 중얼중얼하는 것이 아닌가. 나는 그 모습을 보고 깜짝 놀랐다. 이것은 리허설이 아니다. 그분은 강의 슬라이드를 보고 단지 '낭독' 연습을 했을 뿐이다. 이래서는 당연히 내용을 완벽하게 숙지할 수 없다. 그분은 시선을 슬라이드에만 고정한 채 아주 대놓고 읽고 있었다. 실전에서 그렇게 했다면 강단에서 바로 쫓겨나거나 기업체에서 다시는 부르지 않을 것이 뻔하다. 컴퓨터의 슬라이드를 보면서 혼자 중얼거리는 것은 리허설이 아니다. 리허설 때는 실전처럼 청중이 앞에 있다고 가정하고 동선까지 체크하며 제대로 해야 한다. 그래야 실력이 는다.

그럼 리허설은 언제까지 해야 할까? 몇 번 했다고 해서 리허설을 다 했다고 착각하면 안 된다. 상위 1% 명강사들은 강의 내용이 익숙해질 때까지, 입에서 술술 녹을 때까지 리허설을 한다. 내용에 따라 또는 강사 개인의 역량에 따라 수십 번이 될 수도 있다. 익숙해질 때까지 반복하고 또 반복하는 것이 중요하다. 철저하게 연습해서 강의 내용이 완전히 머릿속에 새겨진 상태에서 자연스럽게 입으로 흘러나와야 한다. 이렇듯 철저하게 준비된 강의가 냉소적인 청중의 팔짱을 풀게 만든다. 내 몸값을 두 배 이상 올려주는 마법을 부린다.

리허설을 할 때 본론 부분만 하는 사람이 간혹 있다. 이는 도입부에서 큰 관심을 끌지 못하면 본론 부분이 아무리 훌륭해도 빛을 발하지 못한다는 사실을 간과한 것이다. 어디 그뿐인가? 마무리를 인상적으로 하지 못하면 청중의 머릿속에는 남는 것이 없다. 리허설은 도입-본론-종결 모두 실전처럼 하는 것이 정석이다. 시간이 모자라 전체 리허설이 불가능할 때도 물론 있다. 그럴 때는 어떻게 해야 할까? 리허설을 포기해야 할까? 이때는 함축적으로 리허설을 하는 방법이 있다. 앞에서와 마찬가지로 도입-본론-종결의 형식을 갖추되, 본론은 목차만 하는 약식으로 하면 된다. 본론은 강의 준비를 하면서 워낙 잘 알고 있는 부분이므로 시간이 부족하다면 생략해도 된다. 그러나 목차만큼은 리허설을 해야 한다. 왜냐? 강의가 중간에 삼천포로 빠지는 경우가 종종 있는데, 그때 초보 강사는 머릿속이 하얘지면서 당황하게 된다. 그렇지만 목차를 꿰고 있으면 언제든지 제자리로 돌아갈 수 있다.

상위 1% 명강사들은 리허설을 생활화하고 있다. 강연에서의 자연스러움과 임기응변도 다 평상시의 치밀한 준비에서 나온다. 준비와 연습을 많이 하면 할수록 자연스러워지고 돌발 상황에도 잘 대처하게 된다. 준비가 잘되어 있으면 눈빛과 태도에서부터 자신감이 배어나온다. 머리가 아닌 몸으로 기억해야 한다. 댄스가수들이 복잡한 안무를 한 번도 틀리지 않고 춤을 출 수 있는 이유는 집중적인 훈련을 통해 완전히 몸에 배어 있기 때문이다. 춤추는 동안에는 머리로 생각할 시간이 없다. 결국 연습과 집중이다. 연습, 연습, 또 연습밖에 없다. 이런 지극히 평범한 진리야말로 최고의 비법이다.

나를 이끌어줄 멘토를 찾아라

그리스 신화에 이런 이야기가 나온다. 이타카 왕국의 왕인 오디세우스가 전쟁터로 떠나면서 친구에게 아들 텔레마코스 왕자를 맡긴다. 전쟁을 마치고 돌아올 때까지 잘 보살펴달라는 부탁과 함께. 오디세우스 왕이 전쟁을 마치고 10년 후에 돌아와 보니, 텔레마코스 왕자는 훌륭하게 성장하여 왕의 재목으로 손색이 없었다. 이렇게 잘 성장할 수 있도록 도와준 왕의 친구 이름이 바로 멘토르(Mentor)였다. 왕이 없는 동안 멘토르는 때로는 아버지가 되어주었고, 때로는 친구가 되어주었고, 때로는 선생님이 되어주었고, 때로는 상담자가 되어주었다.

멘토는 이 신화에서 유래한 개념으로 비즈니스 업계에 접목되었다. 멘토는 인재 육성에 초점을 맞춘 개념이다. 한 사람의 인생을 지혜와 신뢰로 이끌어주는 지도자라는 의미로 쓰인다. 텔레마코스 왕자가 멘토르라는 훌륭한 지도자를 만났기에 듬직한 왕의 재목으로 성장할 수 있었듯이, 사람은 누구를 만나느냐에 따라 인생이 바뀌기도 한다. 그만큼 자신을 이끌어줄 멘토를 잘 만나는 것이 매우 중요하다.

누구를 가까이 하느냐, 누구를 따라 하느냐가 한 사람의 운명을 바꿀 만큼 중요하다. 홍콩의 화교계 최고 갑부인 리자청(李嘉誠) 회장과 그 운전사에 관한 일화다.

리자청 회장의 승용차를 30여 년 동안 몰던 운전기사는 정년이 되어 마침내 회장 곁을 떠날 때가 되었다. 회장은 그간의 노고에 감사하는 마음을 담아 위로하는 뜻에서 운전기사에게 거액의 수표를 주었다. 그 금액은 무려 200만 위안(3억 6000만 원)에 달하는 거금이었다. 그러나 그 운전기사는 돈 받는 것을 사양했다. 회장이 사양하는 이유를 묻자 그는 이렇게 대답했다.

"제가 2000만 위안(36억 원) 정도를 모아놓았습니다."

리자청 회장은 기이하게 여겨 물었다.

"월급이 5000~6000위안(100만 원)인데, 어떻게 그렇게 많은 돈을 저축해놓았지?"

운전기사는 빙그레 웃으며 대답했다.

"제가 차를 몰 때, 회장님이 뒷자리에서 전화하는 내용을 듣게 되었습니다. 회장님이 땅을 사실 때마다 저도 그 근처에 조금씩 사 놓았습니다. 회장님이 주식을 살 때 저도 따라서 조금씩 샀습니다. 그랬더니 지금 갖고 있는 자산이 2000만 위안에 이릅니다!"

운전기사의 인생이 바뀐 비결은 길잡이가 될 멘토를 잘 만났기 때문이다. 이처럼 누구를 만나느냐가 한 사람의 인생을 좌우할 수 있다. 강의 역시 어떤 멘토를 만나느냐가 앞으로의 강의 활동을 좌우할 수 있다. 기왕이면 그 분야의 고수를 만나야 올바른 길로 갈 수 있다. 인생을 바꾸고 싶으면 만나는 사람을 바꿔야 한다. 노는 물을 바꿔야 한다.

대한민국 명강사 경진대회에서 그랑프리를 수상하고 명강사의 반열에 올라 전국을 다니며 강의하다 보니, 강사를 지망하는 분들로부터 도움을 요청받는 경우가 많았다.

"강사가 되려면 어디서부터 어떻게 뭘 준비해야 합니까?"

"강의 기법을 체계적으로 그리고 제대로 배우고 싶어요"

"출판을 앞둔 저자인데, 닥쳐올 강연을 어찌해야 하나요?"

"수입을 두 배로 올리고 싶은데 어떻게 해야 하나요?"

이런 질문을 받을 때마다 내가 병아리 강사 시절 맨땅에 헤딩하던 시절이 떠올랐다. 직접 부딪히면서 배우긴 했지만, 안 했어도 될 일들을 수없이 겪으며 시간과 노력을 허비한 적도 있었다. 그래서 나는 그분들에게 이렇게 권한다.

"밑바닥부터 박박 기며 고생하지 마세요. 나를 이끌어줄 멘토를 찾아 그분의 도움을 받으세요. 멘토는 그 길을 먼저 가본 사람입니다. 멘토가 시행착오를 줄여줄 뿐만 아니라, 올바른 길로 안내해줄 겁니다."

누군가에게 도움을 받는다는 것은 부끄러운 일이 아니다. 먼저 손을 내밀기 바란다. 이정표조차 없는 낯설고 험한 산에 오르더라도 가이드를 따라가면 좀 더 쉽게 정상에 오를 수 있다. 그러나 혼자 오르면 엄청나게 고생을 하게 될 뿐만 아니라, 중도에 하산할 수도 있고 심한 경우 조난까지 당할 수 있다. 여러분이 예전에 어떤 분야에서 성공을 했든 어깨에 들어간 힘을 빼고 자세를 철저히 낮추기 바란다. 그런 다음 자신을 이끌어줄 멘토를 먼저 찾아나서길 바란다.

내가 만약 초보 강사 시절 나를 이끌어줄 분을 만났더라면 그리 심한 고생은 하지 않아도 되었을 것이다. 그래서 나에게 도움을 요청한 분들에게 도움을 주고자 〈강사양성 아카데미〉를 운영하고 있다. 내가 멘토가 되어 코칭을 한 사람들 중에는 강사 경진대회에 나가서 입상을 한 분이 많다. 그 덕분에 나는 '강사양성 전문가'라는 브랜드를 새로 얻게 되었다.

멘토를 찾을 때 주의할 점이 있다. 멘토가 되어주겠다며 먼저 접근해서 자기 배만 채우는 사람도 있으니 잘 판단해야 한다. 그가 검증된 실력을 겸비하고 있는지, 지금도 활발하게 강의를 하고 있는지, 인품은 존경할 만한지, 사명감을 갖고 활동하는지 등을 잘 판단해야 한다. 또한 그 사람의 화려해 보이는 경력에 현혹되어서도 안 된다. 때로는 돈을 주고 경력을 샀거나 능력을 허위로 과장하는 경우가 비일비재하기 때문이다. 오히려 꾸준한 자기계발을 통해 끊임없이 성장을 추구하는 강사인지를 판단하는 것이 중요하다. 한 달에 책을 몇 권이나 읽는지, 어디서 본 듯한 남의 강의 슬라이드나 동영상을 가져다 쓰고 있지는 않은지, 알맹이가 없는 약장수 같은 강의를 하고 있지는 않은지 등도 잘 살펴보아야 한다.

일본 아사히 맥주 회장인 히구치 고타로는 이런 말을 했다.

"물은 어떤 그릇에 담느냐에 따라서 모양이 달라지지만, 사람은 어떤 사람을 사귀느냐에 따라 운명이 결정된다."

누구를 가까이 하느냐, 누구를 따라 하느냐가 그 사람의 운명을 바꿀 수 있다. 파리를 쫓아다니면 화장실 주위를 맴돌게 되지만 꿀벌을 좇으면 꽃밭에서 노닐 수 있다. 약장수를 따라다니면 약장수가 된다. 잠재력이 풍부한데도 멘토를 잘못 만나서 발전이 없는 사람을 볼 때마다 참으로 안타까운 마음이 든다.

상위 1% 명강사의 비밀 노트 2

- 꿈속에 나타날 정도의 열정을 갖고 임하라. 열정은 기적을 낳는다.

- 확고한 강의철학과 사명감으로 무장하라.

- 강의 주제 하나를 잡았다면 그에 관한 책 30권을 독파하라.

- 창작의 고통과 씨름하는 과정을 즐겨라.

- 강의에 정성과 혼을 담아 예술의 경지로 끌어올려라 .

- 강의에 진정성을 담아 표현하라. 그래야 청중이 공감하고 감동한다.

- 자신감을 갖고 강의에 임하라. 실수와 실패를 두려워하지 마라.

- 누구를 가까이 하느냐가 운명을 바꾼다. 노는 물을 바꿔라.

3

상위 1% 명강사의 비밀
_차별화

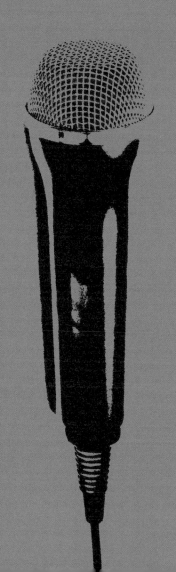

죽은 강의 No! 살아 숨 쉬는 강의 Yes!

'날마다 야근을 밥 먹듯이 하는데 왜 교육을 한답시고 내 소중한 시간을 뺏는 거야?'

교육장에 들어온 그 사람은 마치 도살장에 끌려온 듯 화가 머리 끝까지 나 있었다. 잘못 건드렸다간 폭발하기 일보직전이다. 그러니 아무리 좋은 내용의 교육을 한다고 한들 그 사람에게는 '쇠귀에 경 읽기'일 것이다. 다른 사람들도 대부분 이유만 다를 뿐 찡그린 표정이긴 마찬가지다.

폭발 직전에 있던 그 사람은 바로 나였다. 그랬던 나에게 강사가 어떤 마술을 부렸기에 제대로 한번 배워봐야겠다는 생각을 하게 되었을까? 왜 나 자신도 모르게 강의에 빠져들었을까? 심지어 강의가 끝날 즈음엔 왜 가슴이 뜨거워지기까지 했을까? 이것이 과연 어찌된 일일까? 불만 가득한 표정으로 앉아 있던 내게 강사가 부린 그 마법! 억만금을 주고서라도 사고 싶은 그 마법의 비밀은 과연 무엇이었을까?

강의를 듣기 위해 온 청중은 자발적으로 온 경우도 있겠지만, 회사의 지시로 마지못해 끌려온 경우가 많다. 그런 사람들에게 아무리 좋은 내용이라도 강제로 주입하면 과연 머릿속에 들어갈까? 말을 물가에 강제로 끌고 갈 수는 있어도, 억지로 물을 마시게 할 수는 없다. 내가 스스로 물을 마시게 했던 그 마법의 비밀! 그것은 바로 '죽은 강의가 아닌 살아 숨 쉬는 강의'였다.

예를 들어 영어 회화를 가르치는 강사 A와 B가 있다고 가정해보자. A는 교실에 들어오자마자 "여러분, ○○쪽 펼치세요. 오늘은 ○○쪽에 있는 회화를 공부할 겁니다" 하고 바로 수업을 시작한다.

B는 수업을 시작하기 전에 "오늘 배울 내용은 공항에서 바로 써먹을 수 있는 실용 영어 회화입니다"라고 주제를 알려준 뒤, "외국에 가서 말 한마디 못해서 고생하신 분들 많죠? 오늘 다섯 마디만 제대로 배우면, 입국 심사부터 호텔에 도착할 때까지 아무런 애로사항이 없을 겁니다"라고 말하며 수업을 시작한다.

어느 쪽 수강생이 더 열심히 배울까? 학업 성취도는 어느 쪽이 더 높을까? 당연히 B강사 쪽 수강생이 더 적극적으로 수업을 들을 것이다. 왜? B강사는 수강생의 학습 의욕을 끌어올렸기 때문이다.

첫째, '오늘 배울 회화는 반드시 써먹을 일이 있을 것이다.' 둘째, '제대로 배워두면 외국에 갔을 때 입국 심사부터 호텔 도착까지 아무 문제가 없을 것이다'라는 메시지를 통해 수강생의 학습 의욕을 끌어올렸기 때문이다. 그 말을 들은 수강생은 학습의 필요성을 절감하고 자신도 모르게 수업에 몰두하게 된다.

반면 A강사는 수강생이 학습 의욕이 있건 없건 지식을 주입하는 데에만 급급하다. 마치 지식 장사꾼처럼 무책임하게 지식만을 전달하는 데 그쳤다. 학습 의욕이 없는 상태에서 이런 주입식 강의를 하면 하나 마나 한 강의가 될 게 뻔하다.

위의 예에서 보듯이 교육의 가장 큰 목적은 듣는 이로 하여금 '새로운 동기를 갖게 만드는 것'이다. 즉 듣는 이의 생각을 변화시켜 행동하도록 만드는 것이다. 다시 말해, 강의를 듣고 '아, 맞아. 나도 강사의 말처럼 저렇게 한번 해보고 싶어' 하는 마음이 들게 하는 것, 더 나아가 실천에 옮기도록 하는 것이 동기부여다. 따라서 '살아 숨 쉬는 강의'란 동기부여를 통해 미래의 비전을 갖게 함으로써 행동을 유발하는 강의를 말한다.

반면 동기부여를 하지 못한 강의는 교육의 가장 중요한 목적을 달성하지 못한 강의다. 그렇기에 그 강의는 감히 '죽은 강의'라고 생각한다. 지식을 주입하는 데에만 급급하고 동기부여를 등한시했기 때문에 그렇게 정의했다. 동기부여는 강의 도입부에만 하는 게 아니다. 그래서 B강사는 강의를 마무리할 때도 인상적인 메시지를 한 번 더 남기고 강의를 마무리한다.

"여러분이 오늘 배운 거 진작 알았더라면 외국에 나갔을 때 애로사항이 있었을까요? 당연히 없었겠죠. 따라서 오늘 배운 걸로 끝내지 말고, 돌아가면 몇 번 더 복습해서 반드시 내 것으로 만들기 바랍니다. 그러면 외국에 나갔을 때 입국 심사부터 호텔에 도착할 때까지 아무런 애로사항이 없을 겁니다."

상위 1% 명강사는 동기부여로 시작해서 동기부여로 끝을 맺는다. 그렇게 해야 전하고자 하는 메시지가 청중에게 분명히 전달된다. 이에 더해 청중으로 하여금 사고나 행동의 변화를 가져오게 할수 있다. 이것이 바로 상위 1% 명강사들만의 특급 비밀이다.

이러한 비밀을 모르는 강사, 즉 동기부여를 등한시하는 강사들은 아무리 열심히 해도 '성장의 한계'에 부딪힐 수밖에 없다. 그러므로 강의 수준을 업그레이드하려면 무엇보다 먼저 청중에게 어떻게 동기부여를 할까에 초점을 맞추어야 한다.

선생님 말고, 뱀 장수에게 배운다

강의에는 두 가지 유형이 있다.

첫째, 지식이나 정보를 전달하는 목적의 강의다.

둘째, 설득 목적의 강의다.

성인을 대상으로 하는 강의는 설득 목적의 강의가 주를 이룬다. 설득 목적의 강의는 지식이나 정보를 전달하면서 동시에 설득을 한다는 특징이 있다. 그럼에도 불구하고 설득 목적의 강의를 정보 전달 목적의 강의와 같은 방법으로 접근했다가는 낭패를 볼 수 있다. 왜 그런지 차근차근 알아보자.

지식이나 정보를 전달하는 목적의 강의는 대개 정답이 정해져 있다. 그러다 보니 두 가지만 유의하면 된다.

첫째, 논리적으로 설명할 것.

둘째, 알기 쉽게 설명할 것.

예를 들어 3×5는 정답이 정해져 있다. 15 외에 다른 답이 나올 수 없다. 그렇기에 15라는 답이 어떻게 나오게 됐는지를 논리적으로 알기 쉽게 설명해주면 된다. 설득이 필요 없다.

반면에 설득 목적의 강의는 정답이 정해져 있지 않다. 정답이 없기 때문에 설득이 필요하다.

예를 들어 '우리 팀의 팀워크를 향상시키려면 어떤 방법이 좋겠습니까?'라는 질문에 대한 답은 사람마다 다를 것이다. 대화를 자주 한다, 회식을 한다, 동아리 활동을 한다, 운동을 같이 한다, 봉사 활동을 같이 한다, 연극이나 영화 관람을 한다 등등 다양한 해결책이 제시될 것이다.

그러면 이중에 정답이 있을까? 정답은 없다. 대답한 사람의 견해만 있다. 내가 '팀워크 향상 방안'에 대해 강의하려면 여러 견해 중에 가장 적절한 몇 가지를 골라서 청중을 설득해야 한다.

아무리 논리적으로 설명해도 청중은 쉽게 설득되지 않는다. 알기 쉽게 설명하는데도 바로 수긍하지 않는다. 사람의 마음을 움직이는 것은 팩트가 아니다. '플러스 알파'가 있어야 한다. 그것을 배우고 싶은가? 그렇다면 설득 잘하는 사람을 벤치마킹하면 된다.

누구를 벤치마킹하면 좋을까? 학교 선생님일까? 아니다. 학교 선생님은 논리적으로 쉽게 설명하는 사람이지, 설득에 능한 사람이라고 보기 어렵다. 그러면 누구를 벤치마킹할까? 나는 뱀 장수를 벤치마킹할 필요가 있다고 생각한다. 어렸을 때 나는 뱀 장수가 뱀 파는 장면을 많이 봤다. 아마 독자들도 그런 광경을 한 번쯤 보았거나, 아니면 흉내 내는 사람을 보았을 것이다. 뱀 장수가 어떻게 뱀을 파는지 한번 파헤쳐보자.

뱀 장수는 초반에 뱀에 대해 여러 가지 이야기를 하다가 갑자기 목청을 높일 때가 있다. 언제 커질까? 뱀의 효능에 대해 이야기할 때다.

"한 마리만 잡숴봐! 내일 아침에 반찬이 달라져."

"두 마리 잡숴봐! 어쩌고저쩌고……."

"세 마리 잡숴봐! 어쩌고저쩌고……."

입에 거품을 물고 열변을 토한다. 이때는 사는 사람이 꽤 있다. 때로는 줄을 서기도 하고 상담을 하기도 한다. 왜 그런 일이 생겼을까?

뱀 장수는 뱀의 효능에 대한 자신의 확신과 신념, 철학을 판 것이다. 사람은 자기 말에 대해 확신할 때 목청이 커진다. 입에 거품을 물고 말한다. 뱀 장수의 확신에 찬 말과 태도에 많은 사람들이 구매를 결정하게 된 것이다.

우리는 말하는 사람의 확신이나 신념, 철학에 의해 설득되는 경우가 많다. 벤처기업가가 투자자들을 모아놓고 설득할 때도 마찬가지다. 내가 잘 아는 후배 A는 현재 엄청난 규모의 태양광 사업을 하고 있다. 내가 알기로 A는 사업을 시작할 때 자본금이 거의 없었다. 그런데 어떻게 그렇게 크게 사업을 벌였는지 참으로 궁금했다. 우연히 그 후배와 식사를 하는데 그 회사 투자자 B와 동석을 하게 되었다. 나는 그 투자자 B에게 물어보았다.

"이 친구한테 뭘 믿고 그렇게 거금을 투자했습니까?"

그랬더니 그분이 이렇게 말했다.

"A사장이 미래의 사업 비전을 제시하는데, 입에 거품을 물고 침까지 튀겨가면서 설명을 합디다."

그러면서 말을 이어가기를,

"사업 계획에 대해서는 설명을 들어도 솔직히 잘 몰랐지만, A사장의 확신에 찬 눈빛과 표정, 태도를 보았습니다. 그래서 이 사업은 성공하리라고 직감했습니다"라고 했다.

투자를 받는 사람과 그렇지 못한 사람의 차이는 무엇일까? 사업 계획의 내용도 중요하겠지만, 사업 계획을 제시하는 사람의 확신에 찬 태도가 중요하다. 사업 계획에 대해 스스로 확신하지 못한다면 투자자들은 물론이고 그 누구도 설득할 수 없다.

강의도 마찬가지다. 강의 내용에 확신을 가졌다는 것은 자기가 봐도 설득당할 정도로 매력이 있다는 것을 의미한다. 시종일관 확신에 차서 자신 있게 얘기해야 다른 사람도 설득할 수 있다.

상위 1% 명강사들은 시종일관 확신에 찬 표정과 눈빛, 말투로 강의를 이어간다. 강사가 확신에 차 있으면 청중이 그 기를 느낀다. 그 파동을 느낀다. 그러면 '아, 맞아. 나도 저 강사의 말대로 저렇게 한번 해보고 싶어' 하는 마음이 든다. 더 나아가 실천에 옮긴다. 그 것이 바로 참된 설득이다.

이런 원리를 모르면 아무리 열심히 강의를 해도 '성장의 한계'에 부딪힐 수밖에 없다. 강의 수준을 업그레이드하려면 먼저 자신부터 강의에 확신을 가져야 한다. 그 믿음을 강의에 고스란히 담아야 한다.

스토리가 없으면 감동도 없다

       최근 EBS의 어느 프로에서 흥미로운 실험을 소개했다. 우리 강사가 배울 점이 있어 소개하고자 한다. 지하철을 탄 거지가 승객들에게 구걸을 하는 실험이다.

  한 거지가 앉아 있는 승객들에게 다가가서 최대한 불쌍한 표정을 지으면서 돈을 요구했다. 두 손을 모으고 머리를 조아리며 '한 푼 주십쇼'라고 말한다. 하지만 대부분의 승객들은 귀찮다는 표정으로 시선을 피하는 기색이 역력했다.
  이번에는 다른 거지가 등장했다. 그는 사람들에게 일일이 다가

가서 구걸하지 않고 한자리에 서서 이야기부터 한다.

"여러분, 안녕하십니까? 잠시만 저의 이야기를 들어주시면 감사하겠습니다."

"아내는 얼마 전 아이를 가졌습니다. 우리는 정말 행복했습니다. 하지만 하늘은 행복과 불행을 함께 주었습니다. 저는 얼마 전 사고로 두 눈을 잃고 말았습니다."

자신의 불행한 사연을 들려주자 승객들의 눈과 귀가 그쪽을 향해 옮겨가기 시작했다. 말없이 돈을 요구하기만 했던 첫 번째 거지와는 상당히 다른 반응이었다.

"여러분이 조금만 도와주시면 곧 태어날 아기가 올 봄에 필 꽃을 볼 수 있을 것입니다. 적은 돈이라도 좋으니 좀 도와주세요. 이렇게 간절히 부탁드립니다."

그의 이야기가 끝나자 사람들은 지갑에서 돈을 꺼내 그의 손에 쥐어주었다.

자, 이제 두 거지의 차이점이 보이는가? 같은 구걸행위에 대해 사람들의 반응이 다르게 나타난 이유는 뭘까? 바로 '스토리' 때문이다. 두 번째 거지는 자신의 스토리를 통해 사람의 마음을 움직인 것이다. 이처럼 스토리는 힘이 세다.

강의에도 스토리가 있으면 매우 강력한 힘을 발휘한다. 단순하게 지식이나 정보 등의 팩트만을 전달하는 것보다 스토리를 가미하면, 가슴 찡한 감동까지 전달하여 강력한 동기부여를 할 수 있다. 인지과학에 따르면, 사람이 중요한 결정을 내려야 하는 순간 작동하는 것은 이성이 아닌 감성이라고 한다. 사람은 이성적인 동물이 아니라 감성적인 동물이기 때문이다. 그래서 사람의 감성을 자극하는 스토리텔링은 때로는 태풍의 위력과도 맞먹는 강력한 강의 기법이 될 수 있다.

강의를 할 때 감성적인 접근의 필요성에 대해서는 이미 고대 그리스의 철학자 아리스토텔레스가 설파했다. 그는 가장 효과적인 설득 수단으로 세 가지를 제시했는데, 에토스(Ethos), 파토스(Pathos), 로고스(Logos)다. 에토스는 말하는 사람의 성품, 즉 인격적인 측면을, 파토스는 마음을 움직이는 감성적 측면을, 로고스는 근거나 자료 등 논리적인 측면을 의미한다. 각각의 요소가 설득에서 차지하는 비중은 에토스가 60%, 파토스가 30%이며 로고스는 불과 10%에 불과하다. 이처럼 아리스토텔레스도 논리보다 감성의 비중이 더 높다고 말했다.

2002년 노벨 경제학상을 받은 대니얼 카너먼도 "아무리 똑똑하고 이성적인 사람도 의사결정을 할 때 감성이 개입한다. 머리에 호소하는 것보다 마음에 호소하는 것이 강하다"라고 말했다.

따라서 논리로만 청중을 움직이려 한다면 실패하기 십상이다. 청중은 오직 논리에 의해 설득되는 경우가 드물다. 그래서 감성적인 접근을 위한 스토리텔링의 무기를 준비하는 것이 꼭 필요하다.

그렇다면 스토리텔링이란 과연 무엇일까?

스토리텔링이란 전달하고자 하는 내용에 스토리를 입히는 것이다. 옆 사람에게 얘기하듯이 편안하게 이야기하면 된다. 이때 이야기를 최대한 재미있고 생생하게 묘사해야 한다. 즉 이미지가 머릿속에서 생생하게 떠오르도록 말하는 것이 핵심이다.

재미있고 감동을 주는 스토리텔링의 조건은 무엇보다 이야기 구조가 탄탄해야 한다는 것이다. 그냥 잡담하듯이 횡설수설해서는 흥미를 끌 수 없다. 갈등이나 클라이맥스 또는 반전과 같은 탄탄한 구조가 뒷받침되면, 시간이 흐를수록 점점 더 이야기 속으로 빠져들어 청중의 눈이 초롱초롱 빛난다.

우리가 손에 땀을 쥐며 보는 드라마에는 반드시 갈등이 있다. 인물이 등장하면 시간의 흐름에 따라 그냥 흘러가는 것이 아니다. 반드시 어떤 사건이 생기고, 그로 인해 등장인물들 사이에 갈등이 고조된다. 갈등을 해결하기 위해 등장인물이 노력하면서 이야기는 점점 더 흥미진진해진다. 애초부터 이야기 구조를 탄탄하게 잘 짜놓아야 재미있는 드라마가 된다. 이를 그대로 강의에 접목해서 메시지를 담으면 좋은 스토리텔링이 된다.

스토리텔링의 위력은 막강하지만 자칫 실수하면 지루해질 수 있다. 흥미진진한 이야기가 되려면 몇 가지를 주의해야 한다.

첫째, 최대한 짧게 만들어야 한다. 내용이 길면 지루해지고 이해하기 어렵다.

둘째, 이야기 구조가 단순해야 한다. 너무 복잡하게 얽히고설킨 이야기는 청중의 공감을 이끌어내기 어렵다.

셋째, 쉽게 표현해야 한다. 쉽게 표현해야 청중이 구체적으로 연상할 수 있다.

일방주입식의 강의로는 마음을 움직일 수 없다. 머리에 호소하면 고개를 끄덕이게 할 수 있지만, 가슴에 호소하면 마음을 움직이게 할 수 있다.

나만의 비장의 무기가 있는가

직장에 다닐 때의 일이다. 업무는 산더미처럼 쌓여 있고 날마다 야근을 해도 그 일을 언제 다할까 싶을 정도로 바쁜 나날이었다. 잠시라도 자리를 비울 수 없었던 시기에 1박 2일 교육까지 받아야 하는 상황이었다. 정말 가기 싫은 교육이었다. 교육을 받으면서도 쌓여 있는 업무 생각으로 머릿속이 복잡했다. 도무지 강의에 집중할 수 없었고 빨리 시간이 흘러가기만을 바랐다.

그런데 어떤 강사가 들어와서 강의를 하는데 그만 그 교육에 퐁당 빠져버렸다. 그 강사가 핵폭탄과 같은 충격을 주었기 때문이다.

그 강사는 강단에 서자마자 판소리로 흥을 돋우었다. 교육생 모두 신명이 나서 어깨를 들썩거렸다. 강사는 분위기가 무르익자 청중에게 한 소절씩 가르쳐주며 따라 부르게 했다. 그 가락에 익숙해질 즈음 가사를 개사해서 부르게 했다. 강사가 전하고 싶은 메시지를 담아서 부르게 했다.

한 소절을 다 같이 부르고 나면 강사는 그 메시지에 대해 근거나 예시를 들어가며 부연 설명을 했다. 또 한 소절을 부르고 나면 그 메시지에 대한 부연 설명을 했다. 마지막 소절까지 끝나자 처음부터 끝까지 완창을 하게 했다. 그러면서 다시 한 번 요약 및 총정리를 해주었다.

그분이 강의를 하는 내내 눈을 뗄 수가 없었다. 얼마나 신명나게 놀았는지 모른다. 어느새 온갖 잡생각을 까맣게 잊었다. 다른 교육생들도 딴짓을 하거나 조는 사람이 단 한 명도 없었다. 도대체 시간이 어떻게 갔는지도 몰랐지만 강의의 핵심 메시지는 또렷하게 기억할 수 있었다.

그는 판소리라는 자신만의 비장의 무기를 장착한 명강사였다. 청중에게 판소리의 묘미를 만끽하게 하면서 전하고자 하는 메시지를 분명하게 전달했다. 콘텐츠를 전달하는 방식을 누구도 모방하기 힘들게 차별화했다. 이처럼 강의에 자신만의 비장의 무기를 장착하면 핵폭탄 이상의 위력을 발휘할 수 있다.

이것이 바로 상위 1% 명강사들만의 특급 비밀이다.

어느 날 한국강사협회 세미나에 참석하기 위해 백범 김구의 묘소가 있는 효창공원 앞을 지나던 길이었다. 그 동네는 내가 태어나서 자란 곳이라 어릴 적 추억이 깃든 곳이다. 공원 여기저기를 산책하면서 옛 추억에 잠기던 중 이곳에서 장사하던 사람들이 떠올랐다. 참으로 많은 장사꾼들이 있었는데 그중에 가장 먼저 떠올린 것이 바로 뱀 장수였다. 그 뱀 장수는 어찌나 재미있게 이야기를 하는지 동네 사람들이 가득 모여들었고, 그의 한마디 한마디에 숨 죽였다가 웃다가 하면서 시간 가는 줄 몰랐다.

그때 바로 이거구나 하며 내 머릿속을 섬광처럼 스치는 아이디어가 있었다. '강의에 뱀 장수 흉내를 도입하면 어떨까' 하는 것이었다. 그때의 기억을 떠올리며 뱀 장수 멘트를 만들고 연습에 연습을 거듭했다. 입에 뱀 장수의 멘트가 익을 무렵 모임에서 간단하게 실전 리허설을 해보았다. 몇 마디를 해봤더니 좌중의 반응은 가히 폭발적이었다. 솔직히 '해야 할지 말아야 할지' 확신이 없어서 친구들을 대상으로 실험한 것인데 결과는 성공적이었다. 나는 자신감을 얻어 강의에 활용하기 시작했다. 그런 과정을 거쳐 나만의 비장의 무기 하나를 장착하게 되었다.

지금도 나는 '사내강사 양성과정'이나 '프레젠테이션' 등의 강의를 할 때에 어김없이 뱀 장수 흉내를 내곤 한다. 뱀 장수 흉내를 내는 것이 위에서 말한 판소리만큼 위력이 대단하지는 않다. 하지만 적어도 청중을 몰입시키는 힘은 발휘한다.

요즘 강의 시장을 보면 자신만의 비장의 무기를 장착한 강사들이 속속 등장하고 있다. 내가 알고 있는 강사만 해도 상당히 많다. 그 무기는 아주 다양하다.

'성악'이라는 비장의 무기를 장착한 강사,

'뽕짝'라는 비장의 무기를 장착한 강사,

'기타'라는 비장의 무기를 장착한 강사,

'구수한 사투리'라는 비장의 무기를 장착한 강사,

'하프'라는 비장의 무기를 장착한 강사,

'판소리'라는 비장의 무기를 장착한 강사,

'마술'이라는 비장의 무기를 장착한 강사,

'유명인의 성대 모사'라는 비장의 무기를 장착한 강사,

'바이올린'이라는 비장의 무기를 장착한 강사 등등.

비장의 무기를 장착하고 나면 세상에서 유일무이한 강사가 된다. 대한민국 그 어디를 가도 경쟁력 있는 강의가 된다. 지금이라도 늦지 않았으니 강의에 장착할 자신만의 비장의 무기를 개발하기 바란다. 만약 없다면 어떻게 만들지 고민하고 연구하기 바란다. 집중하고 또 몰입하면 자신만의 비장의 무기를 찾을 수 있다.

관심을 끌고 공감을 유도한다

           아나운서 출신의 방송인 오영실이 이혼 위기를 극복한 경험을 어느 방송의 토크쇼에서 털어놓았는데 큰 공감이 가서 소개할까 한다.

   오영실은 7년 연애를 했고 아나운서와 의사의 환상적인 조합이라는 소리를 들으며 결혼을 했다. 그런데 남편이 바람을 피운다든지 돈을 펑펑 쓴다든지 하는 큰 잘못은 없지만, 작고 소소한 부분에서 서운함이 쌓여 돌무덤이 되었고, 급기야 결혼에 대한 자괴감이 막바지에 이르렀다. 그러던 어느 날 아침 밥도 못 먹고 정신없이 출근하는데 남편이 가면서 먹으라고 봉지 하나를 건네주었다. 기특하게도 그 안에는 토스트와 삶은 달걀이 들어 있었다. '운전하면서 달걀을 어떻게 까먹으라는 거야' 하며 툴툴거리려는 순간 봉투 안을 자세히 보니 껍데기를 벗긴 달걀이었다. 살짝 감동하면서도 '소금도 없이 달걀을 어떻게 먹으라는 거야?' 하는데 달걀 사이사이에 칼집을 내서 소금을 친 상태였다. 그녀는 남편의 세심한 배려에 눈물이 왈칵 쏟아졌다. 그녀는 남편에게 좋은 점도 많은데 왜 서운한 것만 가슴에 담아두고 살았는지 반성했다. 그리고 이제껏 쌓인 감정을 다 잊고 남편을 용서해야겠다고 마음먹었다.

오영실은 결국 '작은 배려'에 대해 말했는데 나는 방송을 보는 내내 공감했다. 왜? 주위에서 일어난 이야기 또는 누구나 겪을 수 있는 이야기를 소재로 삼았기 때문이다. 만일 그녀가 부부관계에 대해 이론적으로 설명하려고 했더라면 시청자에게 식상함은 물론이고, '누가 그런 거 모르나?' 하는 반감을 주었을 것이다. 무겁고 어려운 주제도 이처럼 흔히 볼 수 있는 작은 사건을 소재로 삼으면 듣는 사람이 자연스럽게 공감할 수 있다.

〈개그 콘서트〉에서 '애정남'이라는 코너가 한동안 인기를 끌었다. '애정남'이란 '애매한 것을 정해주는 남자'의 줄임말이다. 그 코너가 인기를 끈 이유는 간단하다. 누구나 공감할 수 있는 이야기를 소재로 삼았기 때문이다. 그 코너에서 방영된 내용에 이런 게 있다.

'지하철에서 내가 앉아 있는데 앞에 두 사람이 서 있다. 내가 내리면 과연 누가 앉아야 할까?'

이처럼 누구나 한 번쯤 겪는 일을 소재로 삼으니 관심을 가질 수밖에 없다. 답을 듣고 나면 관객들은 공감한다는 듯 격하게 박수를 친다.

위의 두 사례는 공통점이 있다. 누구나 공감할 수 있는 이야기라는 점이다. 그렇기에 시청자는 '맞아, 맞아'를 연발한다. '아하, 그렇구나' 하면서 무릎을 탁 치게 된다.

상위 1%의 명강사들은 바로 이런 점을 놓치지 않는다. 일상에서 그냥 지나칠 수 있는 소소한 이야기를 소재로 삼아 청중의 공감을 얻는다. 청중이 쉽게 공감하면서 탄성을 자아내게 하는 강의, 상위 1% 명강사들만의 특급 비밀이 이 속에 있다.

공감과 탄성을 자아내는 방법은 위의 사례처럼 주위에서 일어나는 일상적인 사건을 소재로 삼는 방법이 있고, 간단한 팀 활동이나 게임을 통해서 스스로 느끼게 하는 방법도 있다. 나는 상황에 따라 간단한 팀 활동이나 게임을 병행하기도 한다.

내 강의 중에 〈기적의 팀워크로 조직 활성화하기〉라는 프로그램이 있다. 이 프로그램은 간단한 팀 활동을 통해 팀워크 점수와 시너지 점수를 산출한다. 여럿이 모이는 것이 시너지가 되는지 아니면 오히려 독이 되는지 게임을 통해서 스스로 깨닫게 하는 프로그램이다. 수강생들은 게임의 결과를 숫자로 확인함으로써 팀워크의 중요성을 느끼게 된다. '아하!' 하고 무릎을 탁 치며 공감을 한다.

얼마 전 이 강의를 진행했다. 강의가 끝난 후 그 회사의 사장님이 '팀 활동 자체도 무척 재미있었지만, 지식을 나열하지 않고 스스로 깨우치게 하는 점이 매우 좋았다'라고 칭찬해주었다. 이처럼 간단한 팀 활동을 통해 스스로 느끼게 한 후 강의를 진행하면 학습 효과도 높고 반응도 좋다.

강사라고 해서 무작정 가르치려고만 해서는 안 된다. 청중이 공감하도록 해야 한다. 주위에서 일어나는 일상적인 사건을 소재로 삼든, 간단한 팀 활동을 하든 상황에 맞게 적절하게 하면 된다.

기업의 생존 비법과 강사의 생존 비법은 같다

내가 아는 한 교육 담당자는 평범한 직장인이지만 나름대로 시간을 쪼개서 자기계발에 많은 시간을 할애하며 열심히 산다. 그래서 각종 세미나 및 조찬 강연 등 여기저기 많은 강의를 들으러 다닌다. 자신의 업무가 교육 담당이기 때문에 배움의 목적도 있지만, 역량 있는 강사를 발굴하기 위해서다. 어느 날 그분이 페이스북에 글을 올렸다.

"오늘 조찬 강연에 참석했습니다. 그런데 강사의 콘텐츠가 어디선가 보고 들은 내용이었습니다. 시중에 굴러다니는 그런 자료 또는 남의 것 베껴서 하는 강의였습니다. 한마디로 별 볼일 없는 강의를 하고 있었습니다. 저런 강의 들으려고 새벽잠도 못 자고 와서 비싼 돈 냈나 하는 생각에 화가 머리끝까지 치솟았습니다."

참으로 공감이 가는 말이다. 그분이 얼마나 기분이 상했을지 짐작이 간다. 그러면서 그분은 이런 말을 덧붙였다. "콘텐츠가 부실한 그런 강사를 기업체에서 누가 쓰겠습니까? 기업체에서 찾아주는 강사, 청중이 다시 찾아주는 강사가 되기 위해서는 콘텐츠가 유익하면서도 차별성이 있어야 합니다." 강사들이 교훈으로 삼아야 할 대목이다.

청중 가운데는 강사 발굴을 목적으로 오는 분도 있다는 사실을 항상 염두에 두어야 한다. 안타깝게도 그 강사는 굴러들어온 복을 발로 차버린 셈이다. 이렇듯 자기 강의에 대해 치열하게 고민하지 않으면 시장에서 살아남기 어렵다. 낡은 콘텐츠로 강의를 해도 용납되던 시대는 지났다. 강사 스스로 변화하지 않고 과거를 답습하며 매너리즘에 빠진다면 결국 시장에서 퇴출된다.

강의의 성패는 크게 세 가지 요소에 의해 좌우된다.

첫째 콘텐츠(contents), 둘째 시각 자료(visual), 셋째 전달력(delivery)이다. 이 세 요소가 균형을 이루어야 훌륭한 강의가 될 수 있다. 그중 어느 하나가 부실해도 강의에 대한 평판은 바닥으로 추락한다. 이 세 가지 요소 중에서도 핵심은 콘텐츠의 질이다.

예를 들어 전달력이 뛰어난 강사가 있다고 치자. 그렇다고 하더라도 말만 번드르르하고 내용이 부실하면 강사는 약장수 취급을 받는다. 또 강의 슬라이드를 보기 좋게 만드는 강사가 있다고 치자. 슬라이드 디자인을 예쁘게 만들었다고 하더라도 청중의 머릿속에 남을 만한 유익한 내용이 없다면 그 또한 실패한 강의가 된다.

모든 강의의 기본은 콘텐츠다. 그래서 강사는 그 누구에게도 부끄럽지 않을 수준으로 자신의 콘텐츠를 늘 업그레이드해야 한다. 위의 교육 담당자 말처럼, 남들과 차별화되면 더 많은 업체나 기관에서 불러줄 것이다. 반대로 차별화라는 요소가 없다면 업체나 기관에서 군이 그 강사를 부를 이유가 없다.

기업이 시장에서 사느냐 죽느냐 하는 것은 상품의 질에 달려 있다고 해도 과언이 아니다. 상품이 경쟁 업체와 크게 차이가 나지 않으면 치열한 생존 경쟁에서 살아남는다는 보장이 없다. 그래서 차별화된 제품을 만들기 위해 기업들이 연구개발에 죽어라 매달리고 있다.

강사도 마찬가지다. 강사가 가진 제1의 상품은 강의 콘텐츠다. 강사가 시장에서 사느냐 죽느냐는 콘텐츠의 질에 달려 있다. 기업이 과거의 구닥다리 상품으로 경쟁하면 죽음밖에 없듯이, 강사도 낡아빠진 무기를 가지고 전쟁터에 나가면 죽음만이 기다리고 있을 뿐이다. 기업이 시장에서 살아남는 비법 중 최선은 단연 차별화된 상품이다. 그 비법을 이유 불문하고 복제해야 한다. 강사도 남들과 다른 차별화된 상품을 끊임없이 개발해야 살아남을 수 있다.

병아리 감별사라는 직업이 있다. 그들은 부화한 지 하루도 안 된 병아리를 암컷인지 수컷인지 정확하게 구별할 뿐만 아니라, 건강한 병아리인지 비실대는 병아리인지를 한눈에 판별해낸다. 대기업의 교육 현장에 가면 이러한 병아리 감별사들이 많이 포진해 있다. 팔짱을 끼고 앉아서 듣고 있다가 강의가 시작되고 몇 분 만에 강사를 판단한다.

"음, 쓸 만한데? 어디 한번 들어볼까?"

"도대체 언제 적 강의를 하고 있어? 완전 구닥다리잖아."

대기업 직원들은 워낙 많은 강의를 들어서 웬만한 강사의 강의는 두루 섭렵한 상태다. 따라서 눈높이가 상당히 높다는 사실을 염두에 두어야 한다.

어디 대기업 직원들만 그런가? 일반 대중도 마찬가지다. 요즘은 일반 대중의 수준도 상당히 높다. 어디에서나 강의를 쉽게 접할 수 있기 때문이다. '세상을 바꾸는 시간, 15분', '강연 100°C', 'TV 특강' 등 TV뿐만 아니라 인터넷과 유튜브에서도 강의를 들을 기회가 넘쳐난다. 그러다 보니 일반 대중도 병아리 감별사가 되어 있다. 그만큼 대중의 눈이 높아져 있다는 말이다. 이 사실을 인정한다면 남들과 같은 강의를 하겠다는 안일한 생각은 버려야 한다.

차별화된 콘텐츠를 만드는 것은 그리 어렵지 않다. 앞서 말한 대로 자신만의 비장의 무기를 장착하면 된다. 내가 권하는 가장 좋은 방법이다. 그러나 비장의 무기가 없다면 자신만의 독특한 이야기를 넣거나 또는 자신만의 독특한 강의 방식을 만들어내면 된다. 정리하면 다음과 같다.

첫째, 자신만의 독특한 이야기나 사례, 에피소드 등을 넣어주는 방법이다.

자신이 직접 겪은 일 또는 주변에서 벌어진 일을 강의 내용과 접목시켜 핵심 메시지를 강조하는 방법이다. 얼마 전 세미나에서 어떤 강의를 들었는데 강사는 현직 오케스트라 지휘자였다. 강의 주제는 리더십이었고 핵심 메시지는 '칭찬하자, 배려하자, 자율성을 주어라' 등 지극히 평범한 내용이었다. 그럼에도 불구하고 청중의 반응은 폭발적이었다. 그분은 강의 내용에 자신만의 독특한 에피소드를 접목했다. 오케스트라 지휘자로서 겪었던 일들은 대중이 쉽게 접해보지 못하는 사례이기에 청중의 몰입도가 매우 높았다. 평범한 이야기일지라도 어떻게 살을 붙이느냐에 따라 청중의 반응은 천지 차이다. 자신이 겪었던 에피소드를 첨가해서 의미 있는 메시지를 담으면 다른 사람이 쉽게 모방할 수 없게 된다. 강의에 에피소드를 활용하기는 그다지 어렵지 않다. 오히려 아주 쉽다. 그런데 그것을 장착하면 차별화된 강의가 된다.

둘째, 자신만의 독특한 강의 방식을 활용하는 방법이다.

강사가 아무리 학식이 풍부하고 연륜이 대단하다고 하더라도 이론만 이야기한다면 청중의 관심은 급격하게 떨어진다. 그러나 아무리 딱딱한 이론 강의라 하더라도 남들과 차별화된 강의 방식을 도입하면 아주 재미있는 강의로 탈바꿈할 수 있다. 나는 강의 중에 이 책 곳곳에 소개하고 있는 아주 다양한 강의 방식을 동원한다.

예를 들어 누구나 알고 있을 법한 쉬운 개념을 설명할 때 나는 주로 퀴즈를 활용한다. 그렇게 하면 청중이 서로 답을 맞히려고 "저요, 저요" 하면서 소란을 피우기도 한다. 물론 퀴즈를 미리 준비하는 게 쉽지는 않다. 퀴즈까지 넣은 교안을 만들려면 훨씬 더 많은 시간이 걸린다. 하지만 그 노력 덕택에 청중의 참여가 활발해지면서 강의를 재미있게 할 수 있을 뿐만 아니라, 앙코르 강의로 이어질 공산이 크다. 어렵고 많은 시간과 노력이 든다고 지레 겁먹지 말고 일단 만들어보자. 내 강의에 특별한 사례나 방식을 장착하는 순간, 나는 이미 차별화된 강사가 된다.

개그 프로에 담긴 비밀을 녹여낸다

소문난 명강사의 강의를 귀 기울여 들어보면 잠시라도 한눈을 팔 수 없을 정도로 빨려들어가는 묘한 매력이 있다. 도대체 어떤 비밀이 숨어 있을까?

나는 〈개그 콘서트〉 같은 개그 프로그램을 즐겨 본다. 그 프로그램을 통해 마음껏 웃으며 스트레스를 푼다. 다른 한편으로는 강사로서 배울 점을 찾기도 한다. 개그 프로그램은 한 코너당 대개 5분 정도다. 그런데 그 코너가 5분 내내 아무런 '빵 터짐'도 없이 밋밋하다면 어떤 일이 벌어질까? 시청자들은 바로 채널을 돌려버릴 것이 뻔하다. 개그맨들은 5분 안에 적절한 '빵 터짐'을 유도하여 시청자들의 눈과 귀를 사로잡는다. 즉 치밀한 계산과 전략 아래 '빵 터지는 요소'를 곳곳에 숨겨놓는다. 시청자들이 지루할 틈을 주지 않는다. 최소 1분 단위로 폭소를 유발하는 뭔가가 있다. 바로 이러한 점을 강의에 녹여내면 소문난 명강사가 될 수 있다.

내가 강의만 하면 지루해한다.
내가 강의만 하면 하품을 해댄다.
내가 강의만 하면 딴짓을 한다.
내가 강의만 하면 몰입도가 떨어진다.

만일 이런 고민을 하고 있다면 내 강의가 한 시간 내내 아무런 변화도 없이 밋밋하지는 않은지 점검해보아야 한다. 내 강의에 '빵 터짐'이 없기 때문이다. 내가 강조하는 '빵 터짐'이란 유머만을 말하는 것이 아니다. '빵 터짐'이란 강의 사이사이에 변화를 주는 것을 말한다. 강의에는 개그 코너처럼 사이사이에 다양한 변화를 줄 필요가 있다.

'빵 터짐', 즉 변화를 주는 방법은 매우 다양하다. 중간에 청중의 호응 유도하기, 질문을 통한 상호작용하기, 관련 동영상 보여주기, 흥미진진한 사례나 예화 들려주기, 재미있는 유머 던지기, 판서하기, 낭독 또는 복창시키기, 배경 음악 깔기, 퀴즈 내기 등이 있다.
이런 요소들이 강의 곳곳에 삽입되면 청중은 지루할 틈이 없다.

계속 몰입할 수밖에 없다. 집중도가 현저하게 올라간다.

그렇다면 이런 요소는 몇 분 단위로 얼마만큼 담는 것이 적절할까? 이것은 성인의 집중도와 관련이 높다. 성인은 아무런 변화 없이 밋밋한 상태로 5분이 지나면 집중력이 현저히 흐트러진다. 따라서 5분 이내에 한 번씩 그런 변화를 주는 것이 좋다. 5분 단위로 계속 변화를 주면 청중의 집중력을 상당히 끌어올릴 수 있다.

한 시간짜리든 두 시간짜리든 강의는 결국 5분 단위의 연속이다. 소문난 명강사들의 강의를 유심히 관찰해보면 거의 모두가 5분 단위의 단막극 형식으로 이루어져 있다. 상위 1% 명강사들만의 특급 비밀이 바로 이것이다. 잠시라도 한눈을 팔 수 없을 정도로 빨려들게 하는 묘한 매력의 원천, 그것은 바로 5분 단위로 이어지는 '빵터짐'이다.

명강사가 되고 싶다면 강의 사이사이에 어떤 상황에서 어떤 것을 배치할지를 사전에 치밀하게 계산해두어야 한다. 이 시점에서는 질문을 던지고, 요 시점에서는 동영상을 보여주고, 저 시점에서는 감탄을 자아낼 요소를 넣고 등등. 그런 다음 실전을 방불케 하는 철저한 리허설을 통해 물 흐르듯이 강의가 흘러가도록 만들어야 한다. 그러면 애써서 유머를 섞지 않아도 청중이 강의에 빨려든다.

핵심 메시지는 반복해서 강조한다

나는 종종 소파에 누워서 TV를 보는 경우가 있다. 그런데 최근 어느 광고 하나가 소파에 누워 있던 나를 벌떡 일으켰다. 보험 상품을 소개하는 광고였는데 그 속에서 놀라운 비밀을 발견했기 때문이다. 강의에 활용할 만한 포인트가 곳곳에 숨어 있었다. 그 광고의 일부를 소개하면 다음과 같다.

"○○보험 가입을 망설일 필요가 없는 세 가지 이유가 있습니다. 보험료 안 오르고, 낸 돈 다 돌려받고, 보장까지 확실한 보험이기 때문입니다.

첫째, 첫 보험료 그대로! 무갱신 무인상!

둘째, 만기생존 시 낸 보험료 100% 환급!

셋째, 각종 암에 희귀 암도 80세까지 보장!

보험료 안 오르고, 낸 돈 다 돌려받고, 보장까지 확실한 ○○보험입니다.”

'보험료가 안 오른다'는 메시지를 세 번이나 반복해서 강조하고 있다. '낸 돈 다 돌려받는다'는 메시지도 세 번 반복하고 있으며, '보장이 확실하다'는 메시지도 세 번에 걸쳐 강조하고 있다. 메시지를 반복함으로써 소비자가 알게 모르게 머릿속에 새기도록 구성된 광고다. 이 광고에 담긴 놀라운 비밀이 바로 그 점이다. 소비자를 세뇌시키는 그 비밀은 바로 핵심을 '반복 강조'하는 것이다.

광고 속에 담긴 그 비밀을 강의에 활용한다면 학습 효과를 극대화할 수 있다. 소문난 명강사들의 강의를 자세히 관찰해보면 모두 이런 '반복 강조'의 비밀이 숨어 있음을 알 수 있다. 핵심을 두 번 세 번 말해주지 않으면 청중은 기억하지 못한다는 점을 간파한 것이다.

소문난 명강사들은 강의를 할 때 대개 이처럼 3단계로 이야기를 풀어나간다. 즉 '결론(요점)-부연 설명-결론(요점)'의 형식을 갖추고 있다. 1단계에서 요점이나 결론을 먼저 이야기하고 난 뒤, 2단계에서 그에 대한 부연 설명을 하고, 3단계에서 다시 요점이나 결론을 이야기한다. 핵심 메시지를 반복 강조하여 청중이 기억할 수밖에 없게 하는 전략이 있다.

예를 들어 이런 식으로 반복 강조를 한다.

"이 책은 강의 실전에 매우 유용한 책입니다. 왜냐하면 저자가 강의 현장에서 직접 체험한 각종 사례들을 담아 설명함으로써, 독자의 피부에 와닿는 체감 온도가 다르기 때문입니다. 따라서 이 책은 강의 실전에 매우 유용한 책이라고 확신합니다."

'요점-부연 설명-요점'의 형식을 빌려 간단명료하면서도 명쾌하게 말하고 있다. 또한 이 책이 강의 실전에 매우 유용하다는 메시지를 반복해서 강조함으로써 청중이 기억할 수밖에 없도록 하고 있다.

초보 강사들은 대부분 서론부터 장황하게 늘어놓아서 청중의 집중력을 떨어뜨리는 경우가 많다. 이렇게 하면 청중은 강의 내용을 전혀 기억하지 못한다. 내가 강의를 열심히 했는데 청중이 강의의 핵심이 뭔지 잘 모른다면 이만저만 큰 문제가 아니다. 평소에 자신의 강의 교안을 잘 살펴보고, 자신의 강의를 녹음해서 점검하는 자세가 필요하다.

앞서 말한 '결론(요점)-부연 설명-결론(요점)'의 형식은 강의 전반에 걸쳐 그대로 응용된다. 도입부에서 청중에게 전하고자 하는 메시지를 이야기하고, 본론부에서 그 메시지의 근거나 사례를 곁들여서 부연 설명을 하고, 종결부에서 앞에 언급한 핵심 메시지를 다시 한 번 정리해준다. 이렇게 하면 핵심 메시지가 청중에게 확실히 남게 된다. 소문난 명강사들의 강의는 대부분 이런 형태로 구성되어 있다.

수험생이나 학생을 대상으로 하는 강의, 즉 시험을 전제로 한 강의는 누가 시키지 않아도 교육생이 나중에 복습을 한다. 그러나 성인 학습자를 대상으로 한 강의는 시험이 전제된 강의가 아니기 때문에 교육생 대부분이 강의가 끝나고 복습을 하는 경우가 드물다. 강의가 끝나고 본래의 업무에 복귀하면 다른 것을 생각할 겨를이 없기 때문이다. 그 점을 고려해서 충분히 반복 강조하여 오랫동안 기억에 남게 할 수 있어야 한다.

특히 장시간 강의는 워낙 많은 내용을 다루기 때문에 그 내용이 교육생의 머릿속에 남아 있기를 기대하는 것은 무리다. 짧은 시간에 이뤄지는 특강도 기억이 희미할 때가 많은데, 장시간 강의는 더하면 더하지 덜하지는 않다. 따라서 소문난 명강사는 교육장을 떠나더라도 기억에 남을 수밖에 없도록 여러 가지 방법을 동원한다. 특히 장시간 강의에 효과가 좋은 방법 하나를 소개한다.

혹시 유치원 아이들이 부르는 이 노래를 들어본 적이 있는가?
"1은 라라라 하나이고요, 2는 라라라 둘이고요, 3은 라라라 셋이고요. (……) 7은 일곱, 8은 여덟, 9는 아홉, 10은 열!

1 2 3 4 5 6 7 8 9 10!

하나 둘 셋 넷 다섯 여섯 일곱 여덟 아홉 열!"

어린아이들은 노래로 숫자를 배운다. 아이들은 놀면서 자연스럽게 배우기 때문에 아무도 어려워하지 않는다. 유치원에서는 아이들에게 숫자를 강제 주입식으로 가르치지 않는다. 놀면서 배우게 하고, 노래하면서 배우게 한다. 그런데도 학습 효과가 극대화된다는 사실을 배울 필요가 있다.

여기에 착안해서 내 강의에 이런 방식을 도입했더니 그 효과는 상상 이상이었다. 내가 강의하는 프로그램 중에 모든 수강생들이 극찬을 아끼지 않은 프로그램이 있다. 바로 〈사내강사 양성과정〉이다. 이 프로그램은 대개 2~3일(16~24시간) 연속으로 진행되는 장시간 강의다. 워낙 많은 내용을 다루기 때문에 강의 중간 중간에 메시지를 반복 강조하지만, 그것만으로는 핵심 메시지를 청중의 기억에 남게 할 수 없다. 그래서 나는 유치원에서 하는 방식을 도입했다. 청중의 반응뿐만 아니라 효과도 만점이었다. 강의 마무리 부분에서 요약하고 정리할 때, 가장 중요한 핵심 메시지 열 개를 뽑아 '산토끼'라는 노래에 맞춰 따라 부르게 했다.

"산토끼 토끼야, 어디를 가느냐. 깡충깡충 뛰면서, 어디를 가느냐."

"열정 동기 3P, 친밀성 상호작용, 리허설 메라비언, 변화 예화 인상 마무리."

이렇게 개사를 해서 노래를 몇 번 부르게 했다. 상품을 걸고 각 조별로 경연했더니 교육생들이 필사적으로 노래 연습을 했다. 전원이 참여하는 것은 물론, 재미있게 즐기면서 했다. 그 결과 핵심 메시지가 자연스럽게 세뇌되었다.

강의가 끝나고 1년 뒤에 심화 과정을 진행할 때 만난 교육생이 이런 말을 했다.

"다른 강의는 대개 한 달이 지나기 전에 잊어버리는데, 강사님이 강조한 핵심 메시지는 1년이 지난 지금도 기억이 납니다. 지금도 안 까먹고 그 노래를 부를 수 있습니다."

그래서 얼마나 기억하고 있는지도 궁금했고, 복습도 할 겸 청중 전원이 그 노래를 부르게 했다. 나는 깜짝 놀랐다. 청중의 절반 이상이 그 노래를 기억하고 있었고, 세 번 정도 부르니 전원이 다 따라 했다. 노래의 위력은 상상을 초월했다.

앙코르 강의와 72시간의 법칙

       어떻게 해야 앙코르 강연으로 이어지
게 될까?

    강의에 대한 반응이 폭발적이어서 분명 다시 부르겠다고 했는데
왜 연락이 없을까?

    앙코르 강연이 잦은 강사들의 노하우는 도대체 뭘까?

    나는 초보 강사 시절에 이 점이 늘 궁금했다. 여러 강사들에게
물어보아도 속 시원한 답을 듣지 못했다. 어찌 보면 당연한 일인지
도 모른다. 그들만의 특급 노하우이기에 쉽사리 공개하지 않았던
것이다.

최근 어느 회사로부터 〈프레젠테이션 스킬 향상〉에 관한 강의 의뢰를 받은 적이 있다. 그 교육은 영업부서의 의뢰를 받아 교육 담당 부서에서 진행하다 보니 현업의 세부적인 니즈를 파악하는 데 한계가 있었다. 일반적인 프레젠테이션 강의로 끝낼 수도 있었지만, 수강생들에게 꼭 필요한 강의를 해주고 싶었다. 그래서 나는 영업부서의 팀장 연락처를 요청했고, 그분과 직접 전화 통화를 하면서 매우 중요한 정보를 얻을 수 있었다. 이 회사의 매출은 90% 이상이 경쟁 프레젠테이션에 의해 이뤄진다는 것이었다. 세부적으로 파고들지 않았더라면 핵심 정보를 놓친 채 현실을 감안하지 않은 강의를 할 뻔했다.

사전 정보를 충분히 고려해서 강의 교안을 업체 특성에 맞게 만들었다. 일반적인 프레젠테이션이 아닌 '경쟁 프레젠테이션'에 초점을 맞춘 것이다. 혼신의 힘을 다해 강의를 했고, 그 반응은 폭발적이었다.

쉬는 시간에 누군가 다가와서 자신들에게 너무나 필요한 교육이라며 엄지손가락을 세워 보였다. 알고 보니 그 회사의 CEO였다. 그분은 프레젠테이션에 실패해서 수주를 놓친 적이 많았다는 이야기를 했다. 듣고 흘려버릴 수도 있었지만, 중요한 단서를 또 하나 얻었다. 그래서 나는 이어지는 강의에서 힘주어 내 의견을 피력했다. 내 진심을 전했다. 회사의 매출 증대를 위해 직원들의 역량 향상이 꼭 필요하다는 것을 확신을 담아 역설했다.

"프레젠테이션 역량이 영업부 직원들에게 이토록 중요한데 단 2시간짜리 특강으로 끝내는 것은 의미가 없습니다. 다른 교육은 몰라도 이 교육만큼은 투입한 그 이상으로 성과가 창출되는 교육입니다. 2시간의 교육으로 큰 성과를 기대하는 것은 무리입니다. 2~3일 정도의 교육이 필요합니다. 모든 비즈니스는 인풋이 있어야 아웃풋이 있습니다."

내 진심을 확신을 담아 전했더니 지켜보던 CEO가 잠시 손을 들고 이야기했다.

"안 그래도 내내 그 생각을 했습니다. 강사님께서 말씀하신 대로 다음에 시간을 충분히 내서 직원 트레이닝을 시켰으면 합니다. 제품별로 한 명씩 선발해서 제대로 교육을 시키겠습니다."

CEO가 즉석에서 다음 교육을 실시하겠다는 약속을 했다. 어떻게 이런 결과가 나왔을까? 첫째 맞춤식 강의를 하기 위한 정보를 하나라도 더 챙겼고, 둘째 강의에서 혼신의 힘을 다했으며, 셋째 청중을 사랑하는 내 애틋한 마음과 진심을 전했다. 이 세 가지가 바로 CEO의 마음을 흔들어놓은 결정적인 요인이라고 생각한다.

성공한 사람의 비밀 중 '72시간의 법칙'이라는 게 있다. 어떤 분야에서든 성공한 사람들은 자신의 생각이나 계획을 72시간 내에 실행에 옮긴다는 것이다. 72시간 내에 행동에 옮기지 않을 경우 그 계획이 실행되는 경우는 거의 없다고 봐야 한다.

이 법칙은 강의 분야에도 적용된다. 강의가 끝나고 반응이 좋았을 경우 72시간 내에 담당자나 책임자와 연락을 취하는 것이 매우 중요하다. 아무리 CEO가 다음 강의를 약속했다고 하더라도 72시간 내에 연락을 취하지 않으면 그 약속이 실행될 가능성은 매우 낮아진다. 통상 3일이 지나고 나면 바쁜 업무에 치여 담당자나 사장이나 다 원래의 상태로 돌아가버린다. 즉 강의 때의 감동이나 각오가 퇴색될 공산이 크다.

앞에 언급한 사례의 뒷이야기를 간략하게 정리하면, 나는 강의를 마친 다음 날 사장님에게 안부 인사 겸 연락을 드렸다. 과연 어떤 일이 벌어졌을까? HRD 부서에 즉각 지시가 떨어졌고, 교육 담당자로부터 바로 연락이 와서 다음 강의 주제와 일정 등을 조율했다. 2시간짜리 특강이 3일짜리 교육으로 연결된 것이다. 앙코르 강의를 받기 위해서는 강의에 혼신의 힘을 기울이는 것도 중요하지만, 이처럼 72시간 안에 사후 관리를 실행하는 것이 중요하다. 두 가지를 병행한다면 더 확실하게 앙코르 강의를 보장받을 수 있다.

모두가 알고는 있지만 실천을 안 하고 있기에, 실천하는 사람만이 기회를 잡는다.

상위 1% 명강사의 비밀 노트 3

- 동기부여로 시작해서 동기부여로 마무리하라

- 내 강의에 확신, 신념, 철학을 담아 전달하라.

- '팩트'만을 전달하지 말고, '스토리'를 가미하여 마음에 호소하라.

- 유일무이한 강의, 차별화된 강의, 경쟁력 있는 강의로 만들라.

- 무조건 가르치려 들지 말고, '아 맞아' 하면서 공감하게 만들라.

- 끊임없는 연구 노력으로 콘텐츠를 업그레이드하고 차별화하라.

- 강의를 매 5~10분 단위의 단막극 형식으로 편성하라.

- 핵심 메시지를 청중이 기억할 수밖에 없도록 반복해서 강조하라.

- 혼신의 노력을 다해 강의했다면 앙코르 강의를 받아내라.

4

상위 1% 명강사의 비밀
_전략

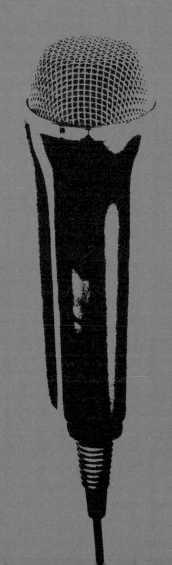

뉴스 앵커의 친밀성 전략

영화 〈건축학 개론〉에 남자 주인공이 여자 주인공에게 앞으로 지을 집에 대해 설명하는 장면이 나온다.

"싸이트십을 고려해서 플래너를 아주 플렉서블하게 디자인해본 거야. 집 안에 중저음 스페이스를 보이드하게 둠으로써 오히려 스페이스가 다이나믹해지는 효과를 기대할 수 있지."

여자의 표정이 일그러지기 시작하는데도 남자는 계속 말을 이어 간다.

"빡쉐한 타입에 리듬감을 부여해서 주변의 랜드 스케이프를 끌어들일 수 있는 거야. 스페이스를 디바이드하고……."

그러자 여자가 더는 참지 못하고 이렇게 말한다.

"근데, 왜 죄다 영어야? 영어마을 짓니?"

남자가 남발하는 전문 용어를 여자는 도무지 알아듣지 못한다.

어려운 전문 용어나 외래어를 남발하는 강사를 종종 현장에서 만난다. 청중이 이해할 수 없는 전문 용어를 남발하는 강의는 '독약'과도 같다. 전문 용어를 남발하는 그 순간부터 청중과의 관계가 단절되기 때문이다. 난해한 용어들이 자꾸 나오면 청중은 딴 생각을 하게 된다. 주의가 산만해진다. 지루해하다가 졸기도 한다. 심지어 강사에게 반감을 품는 사람도 생긴다.

전문 용어를 남발하는 강사에게 그 이유를 물어보면 아주 다양한 대답이 나온다. 입에 배서 무의식적으로 나오는 경우도 있고, 유식해 보이기 위해 또는 권위 있게 보이기 위해서인 경우도 있다. 심지어 어려운 용어를 써야 질문이 안 나온다고 말하는 강사도 있었다. 어려운 질문을 받으면 어떻게 대답해야 할지 몰라 두렵다는 것이 그 이유다.

강의를 하는 사람이 가장 중요하게 여겨야 하는 사실은, 강의를 통해서 청중의 이해도를 촉진해야 하고, 그래야 그 사람을 감동시키고 동기부여를 할 수가 있다는 것이다. 그래야 그다음 단계인 청중의 생각이나 행동에 변화를 일으킬 수 있다. 그런데 가장 기본적인 이해가 밑바탕이 되지 않으면 우리의 궁극적인 목적인 동기부여는 실패할 수밖에 없다. 그렇게 되면 그 강의는 결국 실패한 강의가 된다.

내가 예전에 근무하던 직장에서 있었던 일화를 소개한다. 매주 토요일마다 강사나 대학 교수 등을 초빙해서 특강을 들었다. 어느 대학 교수를 초빙했고, 그분이 강의 슬라이드를 비추는데 기가 막혀 말이 안 나왔다. 자기가 독일 유학파 출신이라는 것을 자랑하고 싶었는지는 모르겠으나 모든 슬라이드가 100% 독일어였다. 강의 내용도 도무지 이해가 안 되었기에, 강의를 듣는 내내 잡생각만 들었다. 그 강사가 얼마나 미웠는지 모른다. 청중을 전혀 배려하지 않는 이러한 강의는 반드시 실패하기 마련이다. 어려운 전문 용어나 외래어, 한자어 등은 청중의 수준을 고려해서 알기 쉽게 풀어서 설명해야 함은 말할 것도 없고, 시각적인 슬라이드도 쉽게 표현되어 있는지 세심하게 살펴야 한다.

또한 숫자나 데이터를 표현할 때도 그대로 인용할 경우 독약이 될 수 있다. 수치로만 표현하면 그것이 어느 정도의 양인지 가늠하기가 어렵기 때문이다. 수치를 제시할 때도 청중이 알기 쉽게 풀어서 설명하는 것이 바람직하다. 예를 들어보겠다.

2007년 온 나라를 시끄럽게 했던 태안 앞바다 유조선 기름 유출 사건 때다. 나는 아침에 눈을 뜨면 조간신문부터 읽는데 "흘러내린 기름의 양이 12,547킬로리터이며, 피해 면적이 8000헥타르"라고 적혀 있었다. 나는 이 기사를 보면서 뭔가 답답한 느낌이 들었다. 온 국민이 보는 신문인데 숫자의 정확성도 중요하지만, 도대체 어느 정도의 양이 유출된 것인지 가늠하기 어려웠기 때문이다. 그런 식의 표현은 '단순한 숫자의 나열'에 불과하다고 느꼈다.

반면에 그날 저녁 뉴스를 보는데, 앵커가 "흘러내린 기름의 양이 실내 수영장 세 개를 채울 수 있는 양"이며, "피해 면적은 여의도 면적의 열 배에 달한다"라고 보도했다.

여러분은 신문 기사와 뉴스 앵커의 멘트 중에 어떤 표현이 쉽게 와닿는가? 당연히 후자일 것이다. 왜? 주위의 친숙한 것에 빗대고 있어 어느 정도의 양인지 가늠할 수 있기 때문이다. '여의도 면적의 몇 배' 하는 것처럼 주위의 친숙한 사건, 사물, 인물 등과 연결 지어 설명하는 것을 '친밀성 전략'이라고 한다. 따라서 숫자나 데이터를 말할 때에는 이런 식의 친밀성 전략을 구사해야 청중의 이해도를 높일 수 있다.

'청중의 이해도가 현저히 떨어진다', '어느 순간 청중과의 커뮤니케이션이 단절된다', '청중이 뭔가 답답해한다' 등등의 고민을 하고 있는가? 그렇다면 이제 TV 뉴스에서 앵커가 즐겨 쓰는 친밀성 전략을 응용해보기 바란다. 우리는 앵커가 어렵게 말하는 것을 본 적이 없다. 앵커가 단순하게 숫자와 데이터만 나열하는 것을 본 적도 없다. 여기에 우리가 찾는 답이 있다.

내 강의가 어려운 전문 용어로 되어 있지는 않은지 항상 점검해야 한다. 또 숫자나 데이터를 제시할 때는 그 양을 가늠하기 어렵지 않은지 따져보아야 한다. 어려운 용어는 알기 쉽게 풀어서 설명하고, 숫자나 데이터는 주위의 친숙한 사물과 연결시켜 표현하기 바란다. 상황에 따라 이미지를 가미해서 설명한다면 금상첨화다.

강의를 살리고 죽이는 키포인트

같은 주제를 다룬 책이 두 권 있는데, 어떤 책은 쉽게 느껴지고 다른 책은 어렵게 느껴진다. 무슨 차이일까? 바로 예화의 차이이다. 예화가 없으면 책이 무미건조하고 딱딱하다. 반면에 적절한 예화가 풍부하면 이해하기 쉽다.

강의도 마찬가지다. 같은 주제를 다루는 강의라도 어떤 강사는 아주 쉽게 설명하는 반면, 어떤 강사는 너무 어렵게 전달한다. 역시 예화의 차이이다. 예화가 없으면 강의가 무미건조하고 딱딱해진다.

그래서 예화는 강의를 살리고 죽이는 키포인트가 되기도 한다. 예화가 없으면 지식을 나열하는 강의가 되어 흥미가 반감된다. 거

꾸로 예화를 곁들여 전달하면 뜻풀이가 잘되어 학습 효과가 올라간다. 핵심 메시지가 예화와 함께 아주 오랫동안 기억에 남는다. 적절하게 곁들인 예화는 청중에게 매우 설득력 있고 효과적인 표현 도구가 된다. 그래서 감히 말해본다.

"예화 없는 강의는 죽은 강의나 마찬가지다!"

과학 분야를 다루는 어느 강사의 사례를 소개하겠다.

나는 과학이라는 단어만 들어도 머리가 지끈지끈 아프다. 그래서 이과에 못 가고 문과에 갔다. 그런데 이 강사를 진즉에 만났더라면 이과에 갔을지도 모르겠다는 생각이 들었다. 그 딱딱한 과학을 사례를 들어 매우 쉽고 재미있게 설명한다. 이런 식이다.

강사가 한 남학생을 향해 질문을 던진다.

"네가 가장 좋아하는 여자 연예인 둘만 말해볼래?"

"히히히, 수지하고 아이유요."

"고놈 욕심도 많네. 그럼 수지하고 아이유가 네 양옆에서 팔짱을 끼고 걷는다면, 그 팔짱을 놓고 싶겠니?"

"미쳤어요? 절대 안 놓죠."

"그렇지. 안 놓고 싶겠지. 절대 안 떨어지려고 하겠지? 고체의 성질이 그거랑 비슷해. 분자 간의 인력이 서로 단단해서 떨어지지 않는 것이 바로 고체라는 거야."

그는 고체의 성질을 설명하기 위해 인기 연예인을 등장시켜 재미있게 예화를 구성했다. 그러니 그 딱딱한 과학 이론이 학생들에게 너무나 쉽고 재미있게 들린다. 만약에 그가 이론만 나열하는 강의를 했다면 학생들의 귀에는 스쳐지나가는 소음에 불과했을지도 모른다. 학생들이 좋아하는 연예인의 예화를 곁들여 설명하니 그 지루하고 딱딱한 이론이 예화와 함께 아주 오랫동안 기억에 남게 된다.

예화가 강의를 살리고 죽이는 키포인트가 된다는 말을 실감할 수 있겠는가? 나는 평소에 이런 주장을 한다.

"잘 만든 예화 하나, 열 지식 안 부럽다!"

예화에는 여러 가지 종류가 있다. 직접 경험담, 간접 경험담, 우화 등이다. 직접 경험담은 말 그대로 본인이 직접 겪었기 때문에 그때의 상황이나 심정 등을 그대로 전할 수 있어 매우 효과적이다. 직접 경험이 없다면 주위 사람들이 겪은 여러 사례, 즉 성공 사례나 실패 사례 등을 곁들이면 설득력을 높이는 데 도움이 된다.

강의에 사용할 마땅한 직접 경험도 없고 간접 경험도 없다면 책에 있는 사례를 인용하면 된다. 책은 저자가 자신의 생각이나 주장을 입증하기 위해 많은 사례를 모아놓은 결과물이기 때문에 강의에 활용하기 좋은 사례가 많다. 그것을 가져다 써도 훌륭한 강의를 할 수 있다.

예화 중에서 가장 설득력이 강한 것은 바로 개인적인 경험담이다. 자신의 경험에서 우러나온 진솔한 이야기는 청중과의 유대감

164

을 형성하는 데 큰 도움이 된다. 뿐만 아니라 청중에게 어떤 어려운 개념을 오래도록 기억하게 하는 데도 유용하다.

얼마 전 실직자들을 대상으로 강의한 적이 있다. 청중의 특성상 바로 강의에 돌입할 경우 공감을 얻어내기가 쉽지 않다는 판단을 했다. 그래서 나는 도입부에서 내 경험을 들려주었다. 하루아침에 실업자가 되어 극도의 분노 상태에 빠졌던 이야기, 어떻게 먹고살지 막막했던 이야기, 친구나 친척도 만나기가 꺼려졌던 이야기, 이력서를 내도 나이가 많다는 이유로 번번이 떨어졌던 이야기 등등. 그분들은 강사도 자기들과 같은 일을 겪었다는 것을 알게 되자 마음을 열기 시작했다. 내 말에 귀를 기울이기 시작했다. 내 경험을 가감 없이 이야기했기에 훌륭한 예화가 되었고 덕분에 청중으로부터 공감과 신뢰를 얻을 수 있었다.

경험에서 우러나온 이야기는 청중과 유대감을 형성하는 데 큰 도움이 된다. 또한 자신이 직접 겪은 이야기이기 때문에 목소리에 감정이 실리게 된다. 그런 진솔한 이야기에 청중은 감동의 눈물을 흘리기도 한다. 이처럼 경험담을 잘 활용하면 강력한 무기가 될 수 있으므로 자신만의 예화를 끊임없이 개발해야 한다.

예화를 활용할 때 주의할 점이 있다. 잘못된 예화를 사용해서 강의를 망치는 경우가 종종 있기 때문이다.

예전에 다니던 직장에서 외부 강사를 초청해서 강의를 들을 때였다. 강사가 어떤 메시지를 전달하려고 예화를 곁들이는데, 내가 잘 알고 있는 예화였다. '솔개는 70년을 사는데 그러기 위해서는 35년이 되었을 때 부리로 발톱을 뽑고 깃털을 뽑아낸다. 그렇게 해서 35년을 더 산다'는 이야기였다. 그러니 우리도 솔개처럼 몸을 깎는 고통을 감내하면서 혁신해야 한다고 강조했다. 그런데 문제는 이 이야기는 과학적 근거가 전혀 없는 누군가 그냥 지어낸 이야기라는 사실이다.

그런데도 강사는 마치 그것이 사실인 양 이야기를 했다. 그 이야기를 듣고 나니 강사가 하는 모든 말을 신뢰할 수 없었다. 잘못된 예화 하나 때문에 강사에 대한 신뢰가 바닥으로 떨어지고 말았다.

그런데 아직도 많은 강사들이 이 예화를 쓰고 있다. 심지어 동영상으로도 만들어져 인터넷에 떠돌아다니고 있다. 많은 강사들이 이 동영상을 경쟁적으로 강의에 활용하고 있기도 하다. 공부를 게을리하니 똥인지 된장인지도 모르고 가져다 쓰는 것이다.

소문난 명강사들은 예외 없이 예화를 곁들여 강의를 한다. 재미있는 사례, 감동적인 에피소드, 특이한 이야기들로 흥미를 돋운다. 이런 강의는 강의장 밖에 있는 청소부도 엿듣게 만든다.

세계적인 명연설의 공통점

강의 코칭을 하면서 종종 느끼는 점이 있다. 말을 장황하게 하는 강사가 의외로 많다는 것이다. 강의를 꽤 오래 한 분조차 문장을 장황하게 구사한다. 구구절절 길게 말하면 듣는 사람은 집중도가 떨어진다. 당연히 이해도도 떨어지면서 소통이 되지 않는다. 문장은 해독하기 어려운 난해한 문장이 된다. 핵심 메시지가 무엇인지 파악하기 어렵다. '핵심은 간결하게' 말하는 것이 좋다.

말을 중언부언하면서 장황하게 길게 하는 이유는 뭘까? 강의 내용을 충분히 내 것으로 만들지 못했기 때문이다. 이미 한 얘기인데도 설명이 부족하다고 느끼고 자꾸 부연 설명을 한다. 두서가 없고 말이 길어지는 게 당연하다.

세계적인 명연설은 모두 핵심을 간결하게 표현하고 있다. 짧은 문장에 명확한 메시지를 담고 있기 때문에 세상 사람들이 그 말을 오랫동안 기억한다.

"절대, 절대 포기하지 마라!" (처칠)
"왔노라, 보았노라, 이겼노라!" (카이사르)
"국민의, 국민에 의한, 국민을 위한 정부!" (링컨)
"나에게는 꿈이 있습니다!" (마틴 루터 킹)
"늘 갈망하고 우직하게 살라!" (스티브 잡스)

간결한 한마디가 더 강렬한 인상을 남긴다. 강의에도 이것을 접목해야 한다. 길게 말하는 사람이 지식이 풍부하다고 여기는 청중은 없다. 오히려 길게 말할수록 '나는 핵심을 잘 모른다'라고 고백하는 것과 같다. 톨스토이는 "사람의 지혜가 깊으면 깊을수록 생각을 나타내는 말은 단순해진다"라고 말했다. 소문난 명강사들은 청중이 쉽게 이해하고 오래 기억할 수 있도록 핵심 메시지를 간결하게 전달한다.

중요한 포인트가 또 하나 있다.

아무리 전할 내용이 많아도 문장을 짧게 표현해야 한다. 그래야 청중이 알아듣기 쉽다. 문장이 길면 쓸데없는 말버릇(어벽)이 더해지면서 이해하기 어려워진다. 문장이 길어지는 원인은 간단하다. 한 문장에 여러 개의 구절이 들어 있기 때문이다. 이해하기 쉬운 문장은 대개 1~2개의 짧은 구절로 끝난다.

예를 들어 아래 문장을 읽어보기 바란다.

"지금부터, 에, 조직문화라는 것에 대해서 알아볼 텐데, 에, 조직문화라는 것은, 음, 그 기업만의 독특한 풍토나 분위기라고 할 수 있는데, 에, 예를 들어 말씀드리자면, 음, 현대의 기업문화는, 그, 정주영 회장의 불도저 같은 추진력에 영향을 받은 관계로, 그, 불도저 문화라고 할 수 있으며, 에, 이는 도전정신이나 진취적 사고를 의미하는 것이며, 에, 또 다른 예를 말씀드리자면, 음, 공무원의 조직문화는, 그, 보수적이라고 할 수 있으며……."

청중이 되어 듣는다고 상상해보자. 문장을 끝맺지 않고 계속 이어간다. 뿐만 아니라 말버릇까지 가세해서 강의에 몰입할 수 없다. 한국어로 말하고 있는데도, 당최 무슨 말인지 알아들을 수가 없다. 이제 시간이 좀 더 지나면 슬슬 짜증이 나기 시작한다.

위의 문장을 분석해보자. 우선 문장에 마침표가 없다. 모든 구절이 쉼표로 연결되어 있다. 크게 보면 여덟 개의 구절이 하나의 문장

안에 뒤섞여 있다. 하나의 문장 안에 여러 개의 메시지가 있으면 해독하기 어렵다. 애써서 해독까지 하며 경청하는 청중은 없다. 이렇게 강의해놓고 '자기는 할 이야기 다 했는데, 청중이 말귀를 못 알아듣는다'고 항변한다. 내가 무슨 말을 했느냐는 중요하지 않다. 청중이 제대로 알아들었느냐가 먼저다.

이럴 때는 각 구절마다 마침표를 붙여서 짧게 말해야 한다. 하나의 문장에 하나의 메시지만 담아야 한다. 그래야 머릿속에서 쉽게 이해가 된다. 특히 스토리텔링을 할 때는 이것을 절대적인 기준으로 삼아야 한다. 위 문장을 마침표를 붙여 짧게 끊으면 이렇게 고칠수 있다.

"지금부터 조직문화에 대해 알아보겠습니다."

"조직문화라는 것은 그 기업만의 독특한 풍토와 분위기를 말합니다."

"예를 들어 말씀드리겠습니다……."

구절이 끝나는 지점을 '다'로 끝낸다. 쉼표가 아닌 마침표로 끝내야 한다. 짧게 구사하니, 훨씬 이해하기 쉽지 않은가? 하나의 문장에 하나의 메시지만 담았기 때문이다. 특히 스토리텔링을 할 때는 이렇게 짧게 구사해야 머릿속에서 그 내용을 상상할 수 있다.

짧은 문장으로 만들고 나면, 적절한 접속사 또는 연결어를 넣어 앞 문장과 다음 문장을 연결하면 좋다. 즉 '문장＋마침표＋접속사

(연결어구)＋문장'의 형식이다. 접속사에는 그러나, 그러므로, 따라서, 예를 들면, 왜냐하면 등이 있다. 그중에서 적절한 접속사를 골라 사용하면 된다. 특히 설득력을 높이는 연결어를 의도적으로 사용하는 것도 하나의 전략이다.

로버트 치알디니는 《설득의 심리학》이라는 책에서, 설득력을 높이는 연결어의 사용을 강력하게 추천했다. 말하는 사람이 '왜냐하면'이라고 하면, 듣는 사람이 '이제 근거나 이유를 대겠구나' 하고 예상할 수 있기 때문에 설득력이 한결 높아진다. '예를 들면'이라고 말하면, '이제 사례를 말하겠구나' 하는 생각이 들어서 훨씬 집중하게 된다.

앞의 문장을 마침표와 접속사를 활용하면 이렇게 바꿀 수 있다.

"현대의 기업문화는 불도저 문화라고 할 수 있습니다. 왜냐하면 정주영 회장의 불도저 같은 추진력에 영향을 받았기 때문입니다. 이는 도전정신, 진취적 사고, 불굴의 의지를 의미합니다."

소문난 명강사는 핵심 메시지를 짧고 간결하게 전한다. 장황한 문구는 더디게 이해되지만, 간결한 문구는 빠르게 이해가 된다.

뉴스 화면에서 발견한 비밀

어느 세미나에 참석했을 때의 일이다. 강사가 강의를 하는데 슬라이드에 글자(텍스트)가 너무 많았다. 화면 가득히 작은 글씨로 너무 많은 정보를 담아서 도무지 무슨 말을 하려는지 종잡을 수가 없었다. 옆에 앉은 사람들도 수군대기 시작했다.

"뭐가 저리 복잡해?"

"핵심이 뭔지 모르겠어."

"저 사람 강사 맞아? 기본이 안 돼 있군."

"도대체 청중은 안중에도 없나 보네."

그랬다. 나도 그 사람들과 같은 심정이었다. 그 강사가 보여주는 슬라이드는 너무 복잡했다. 도저히 말하고자 하는 핵심이 뭔지 모를 정도였다. 그러니 그 강의는 참담한 실패로 끝날 수밖에 없었다. 강의 현장에서는 이런 일이 자주 발생한다. 강의 슬라이드를 보고 한눈에 내용을 파악할 수 없다면, 그날의 강의는 실패를 예정하고 출발해야 한다.

글자 위주의 슬라이드는 산만하고 혼란스럽다. 오히려 역효과를 낸다. 보고 있는 것 자체가 지루하고 짜증이 나는 일이다. 핵심이 뭔지 파악하기도 어렵다. 슬라이드에 많은 내용을 담으면 강사가 화면에만 의지하게 되고 청중의 시선 또한 화면에만 쏠리게 된다. 화면이 주인공이 되고 강사는 보조로 전락한다. 그러면 강사에 대한 신뢰도는 바닥으로 추락한다. 이런 우를 범하지 않기 위해서는 이미지나 도해 등의 시각 자료를 적극적으로 활용해서 강사가 전하고자 하는 메시지를 청중이 '한눈에 알 수 있게' 만들어야 한다. 때로는 한 장의 이미지가 백 마디 말을 대신하기도 한다.

어느 날 TV 뉴스를 보다가 '바로 저거다' 하면서 무릎을 탁 친 적이 있다. 앵커가 하고자 하는 말이 무엇인지 화면만 보고서도 한눈에 알 수가 있었다. 직감적으로 뉴스의 핵심을 이해할 수 있었다. 왜 그럴까? 핵심 키워드와 시각 자료로 화면을 단순하게 구성한 덕분이었다. 만약 TV 화면이 복잡한 문장으로 나열되어 있다면 어떤 일이 벌어질까? 당장 시청자들의 불만 전화가 폭주하거나 채널이 돌아갈 것이다. 핵심 키워드와 시각 자료를 사용해서 시청자들에게 한눈에 보여주는 것. 이것이 바로 강사가 배워야 할 뉴스 화면에 담긴 비밀이다.

슬라이드를 만들 때 바로 이 점을 활용해야 한다. 뉴스 화면은 시청자들이 볼 때 쉽게 이해가 갈지, 눈에 확 띌지, 한눈에 보고 내용을 파악할 수 있을지 등을 고려한다. 마찬가지로 강의용 슬라이드를 만들 때도 뉴스 화면을 만든다고 생각하면 접근하기 쉽다. 시청자의 입장에서 만들면 틀림없다. 시청자의 눈으로 바라봐야 한다. TV 뉴스 화면의 구성 비결을 강의 슬라이드에 그대로 가져다 쓰면 된다.

'눈에 띄게, 이해하기 쉽게, 보기 쉽게' 만드는 것은 뉴스 화면을 만드는 정석이자 강의 슬라이드를 만드는 원칙이다. 이 원칙에 충실하게 만들어야 청중이 본다. 그래야 기억한다. 그래야 공감한다.

내가 이런 말을 하면 초보 강사는 그걸 모르는 사람이 어디 있느냐고 반문한다. 맞다. 다 알고 있는 사실이다. 〈강사양성과정〉을 운영하면서 또는 〈강의 코칭〉을 하면서 어떤 슬라이드가 가장 짜증나는지 물어보았다. 대다수의 사람들이 같은 대답을 한다. 글자만 나열된 슬라이드 또는 글자가 빼곡하게 들어찬 슬라이드가 항상 최악으로 꼽힌다. 이렇듯 다 알고 있는 사실임에도 불구하고, 텍스트 위주의 짜증나는 슬라이드를 만드는 강사들이 너무나 많다. 심지어 어떤 강사는 슬라이드를 만드는 것조차 귀찮아서 그런 짜증나는 슬라이드를 그대로 복사해서 쓰기까지 한다.

많은 강사들이 알고 있으면서도 글자 위주의 슬라이드를 만드는 이유는 뭘까? 알면서도 실행에 옮기지 않는 이유는 바로 정성이 부족하기 때문이다. 어떻게 하면 눈에 확 띨까, 어떻게 하면 핵심 메시지가 명쾌해질까, 어떻게 하면 청중이 한눈에 보고 알 수 있을까 등을 치열하게 고민해야 한다. 연구하고 또 연구해야 한다. 나는 슬라이드 한 장 만드는 데 몇 시간이 걸리기도 한다. 이렇게 만들어보고 저렇게도 만들어보고. 그런 과정을 겪으면서 노하우가 쌓인다. 슬라이드 작성은 작고 사소한 일일 수 있다. 하지만 이 작고 사소한 일이 그 강사의 이미지를 결정한다.

짜증나는 슬라이드를 보면서 열심히 들어주는 청중이 과연 몇이나 될까?
강사가 바빠서 그랬을 거라고 이해해줄 청중이 몇이나 될까?
여러분이 청중이라면 과연 그 강사에 대해 어떤 생각을 할까?
작고 사소한 것을 무시하면 강사의 이미지도 깎일 수밖에 없다.
《멀티미디어 러닝》의 저자인 리처드 메이어 교수의 연구 결과에 따르면, 글자보다 시각 자료를 활용할 때 전달력과 기억력 면에서 탁월한 효과가 있다고 한다. 메시지에 대한 기억이 28%나 향상되며, 메시지 전달은 무려 79% 향상된다고 한다.

소문난 명강사는 슬라이드를 한눈에 알 수 있게 만든다. 슬라이드에 모든 정보를 담지 않는다. 욕심을 버리고 핵심 메시지만 담는다. 시각 자료를 적극 활용한다. 그렇기에 절반의 성공을 안고 강의를 시작한다. 왜? 청중들로 하여금 '보고 싶은' 생각이 들게 하니까. '듣고 싶은' 생각이 들게 하니까.

청중을 끌어당기는 윤활유

교육 담당자가 출강 요청을 할 때마다 공통적으로 하는 말이 있다.

"강사님, 재미있게 해주세요."

재미가 교육 담당자의 니즈 1순위다. 강사에게 유머는 선택이 아니라 필수다.

강사가 아무리 학식이 풍부하고 연륜이 깊다고 하더라도, 무미건조하고 딱딱하게 강의한다면 청중의 관심은 급격하게 떨어진다. 기업에서 대부분의 청중은 마지못해 교육장에 끌려온 경우가 많다. 당연히 교육에 임하는 태도가 수동적이다. 그런 청중에게 무미건조하게 내용만 전달하면 수면제를 탄 음료를 건네주는 것과 다를 바 없다.

딱딱한 강의는 마치 끝없이 모래만 펼쳐지는 사막과도 같다. 메마른 사막에도 오아시스가 있듯이, 내 강의에 유머라는 요소를 첨가하면 청중의 몰입도를 높이면서 강의 만족도까지 대폭 끌어올릴 수 있다. 지친 일상생활에서도 유머가 윤활유 역할을 하듯이 강의에서도 마찬가지다.

어떤 강사들은 이렇게 말한다. "저는 선천적으로 유머 감각이 없어요. 청중을 웃길 자신이 없어요"라고. 지극히 정상이다. 특별한 몇몇 사람을 제외하고는 유머 감각이 뛰어난 사람은 그리 많지 않다. 나도 강의 초기에 유머 감각이 부족해서 부담이 컸다. 하지만 이러한 핸디캡도 어느 정도 노력하면 충분히 보완할 수 있음을 깨달았다. 나도 초보 강사 시절에 유머 감각을 키우기 위해 무던히 애썼다. 인터넷도 뒤져보고 유머 책도 다양하게 찾아보았지만 딱히 강의에 써먹을 만한 것이 없었다. 대부분 유치한 수준이거나 성(性)을 소재로 한 것이어서 잘못 사용했다간 오히려 역효과가 날 것 같았다.

그러나 계속 몰두하다 보니 우연하게 '유레카!'를 외칠 일이 생겼다. 어느 날 TV 예능 프로를 보는데 강의에 써먹으면 딱 좋을 소재를 발견했다. 바로 이거다 싶어서 메모를 했다가 강의에 적절하게 활용했다. 이처럼 관심의 끈을 놓지 않고 있으면 결국 보인다.

TV에서든 일상생활에서든 다른 강사의 강의에서든 나에게 필요한 소재를 심심치 않게 발견할 수 있다. 이때 중요한 것은 그 유머를 즉시 메모해놓는 자세다. '에이, 재밌기는 한데 저걸 언제 써먹나' 하고 그냥 지나치면 안 된다. 메모가 쌓이고 쌓이면 누구에게도 보여주고 싶지 않은 나만의 비밀 무기가 된다.

유머를 구사할 때는 사전에 철저한 리허설이 필수다. 일반적인 강의 리허설은 혼자서 거울을 보며 해도 된다. 하지만 유머는 직접 사람들에게 실험을 해보는 것이 좋다. 내가 빵 터졌다고 해서 다른 사람들도 빵 터진다는 보장이 없기 때문이다.

예전에 인터넷을 보다가 너무 웃기는 소재를 발견하고 혼자 빵 터진 적이 있었다. 그래서 우리 가족이 다 모인 자리에서 그 얘기를 했더니 반응이 극명하게 엇갈렸다. 2명은 빵 터졌지만, 2명은 '에이~ 그게 뭐야' 하면서 핀잔을 주었다. 이유인즉, 철이 지나도 한참 지난 개그라는 것이다. 이렇게 반응이 절반으로 갈린 유머를 강의장에서 쓰면 자칫 썰렁해질 수 있다.

유머는 청중의 반응을 보아야 하기 때문에 혼자서 리허설을 하면 위험 부담이 크다. 지인들과 식사하다가 또는 차 한잔 마시다가 평소에 준비해둔 유머를 툭 던져보라. 그때 반응이 좋으면 활용해도 좋지만, 그렇지 않다면 미련 없이 폐기해야 한다.

나는 초보 강사 시절에 강의 서두를 이렇게 시작하곤 했다.

"저는 세상에서 가장 재미있는 이야기를 가장 재미없게 전하는 특별한 재주를 가졌습니다."

그 말 자체로 청중은 강사에 대한 기대 수준을 크게 낮춘다. 강의가 재미있을 거라고 생각하지 않는다. 그런 상태에서는 강의 중에 조금만 유머를 섞어도 청중이 빵 터진다. 자신이 생각하기에 유머 감각이 아직 많이 부족할 때는 이렇게 해보는 것도 하나의 방법이 될 수 있다.

도저히 웃길 자신이 없는 사람은 관련 동영상이나 자료를 적절히 활용하는 것도 좋은 방법이다. 특히 강의 주제와 관련해서 재미있는 동영상이 있다면 효과 만점이다. 나는 지금도 동영상을 꽤 유용하게 활용하는 편이다.

유머는 윤활유 같은 역할을 한다. 하지만 잘못 구사하면 역효과를 가져올 수도 있으니 각별히 유의해야 한다. 너무 유머에만 초점을 맞추면, 들을 때는 재미있었는데 나중에 강의가 끝나고 나서 그 강사가 무슨 말을 했는지 전혀 기억이 안 날 수도 있다. 또 유머가 너무 경박하거나 수준이 낮으면 강사의 이미지가 추락할 수 있다는 점을 꼭 기억해야 한다. 잘못된 유머 사용으로 인해 콘텐츠는 좋은데 품격이 떨어지는 저질 강의로 만들어서는 곤란하다.

소문난 명강사들은 유머를 적절히 섞는다. 폭발적인 유머가 아니더라도 적당히 재미를 줄 수 있는 정도의 유머를 꼭 가미한다. 청중이 몰입해서 들을 수 있도록 유도한다. 재미있는 강의, 유머 넘치는 강의는 강의장 밖을 지나는 사람도 멈춰서게 만든다.

분위기 전환용 특급 처방

강의를 하다가 이런 경험을 한 적이 있는가?

교육장 분위기가 침체되어 있다.

청중의 주의가 산만하다.

청중끼리 분위기가 서먹서먹하다.

강사와 청중 사이에 보이지 않는 벽이 있다.

청중이 계속 딴짓을 하거나 수동적이다.

꾸벅꾸벅 조는 청중이 있다.

이럴 때를 대비한 특급 처방이 있다. 바로 스팟(Spot)이다. 스팟이란 막간을 이용해서 잠깐 주의를 집중시키거나 분위기를 전환하는 강의 기법을 말한다. 한마디로 분위기 전환용 엔진이다. 이 기법을 사용하면 교육장에 활력을 불어넣을 수 있다. 강의장 분위기를 전환시키고, 청중의 집중력을 높여주고 흥미도 유발하는 장점이 있다. 이 기법은 상당히 효과가 있어서 소문난 명강사는 이 기법을 자유자재로 구사한다.

언제 스팟을 활용하는 것이 좋을까?
첫째, 본격적으로 강의를 시작하기 전에 한다.
둘째, 때로는 강의 중간에 활용한다.

도입부에서의 스팟은 짧은 시간의 특강이든 오랜 시간에 걸쳐 하는 강의이든 필수다. 강의 초반부에는 강사와 청중 사이에 보이지 않는 벽이 있을 뿐만 아니라, 청중끼리도 서먹서먹하거나 어색하다. 이럴 경우 바로 강의에 돌입하면, 아직 준비가 안 된 사람에게 갑자기 야구공을 힘껏 던지는 것과 같다.

적절한 스팟을 통해 아이스 브레이킹(Ice Breaking)을 하면 활력이 넘치는 분위기를 유도할 수 있다. 이 단계를 거치면 강사에 대한 벽이 허물어지면서 호의적인 감정을 갖게 되고 강의장 분위기도 부드러워진다. 이런 상태가 되면 강의를 술술 풀어갈 수 있다. 도입부에서의 스팟은 효과적인 강의 진행을 위해 꼭 필요한 절차다.

강의 중간 중간에도 스팟을 양념처럼 사용할 수 있다. 점심식사를 하고 나른한 오후에 강의를 한다든지, 오랜 시간에 걸쳐 강의가 이어지면 청중은 몹시 지치게 된다. 분위기가 산만해지고 졸음이 몰려올 수도 있다. 강사가 아무리 강의를 재미있게 해도 집중력이 떨어질 수밖에 없다. 이럴 때 적당한 타이밍을 봐서 스팟을 사용하면 청중의 집중력을 상당히 끌어올릴 수 있다.

어느 대기업에서 〈프레젠테이션 스킬〉에 관해 강의를 할 때의 일이다. 그 강의는 이틀에 걸쳐 16시간 동안 진행되었다. 첫날 오후부터 몇몇 사람들이 힘겨워하는 모습이 눈에 띄었다. 그래서 그 이유를 물었더니 밤샘 근무를 하고 와서 몹시 피곤하다는 것이었다. 이처럼 불가항력 같은 일이 종종 생긴다. 그래서 나는 강의를 하는 중간 중간에 간단한 스팟을 섞어서 진행했다. 가끔 스트레칭도 하고, 서로 안마도 시키고, 재미있는 퀴즈풀이도 하고, 건강 박수도 치게 했다. 기(氣)체조처럼 내가 잘 모르는 스팟은 동영상의 힘을 빌렸다. 강의가 끝난 후 "사실은 적당히 졸다가 가려고 했는데 강의가 너무나 재미있어서 시간 가는 줄 몰랐다"면서 "입사 이래 받은 교육 중 최고의 강의"였다고 엄지를 치켜세웠다.

때와 장소와 상황에 따라 자유롭게 구사할 수 있는 스팟 몇 개만 장착하고 있어도 유능한 강사가 되는 것은 시간문제다. 유머는 내공이 많이 필요하지만 스팟은 누구나 준비만 잘하면 자유롭게 구사할 수 있다. 명강사가 되고 싶다면, 명강의를 하고 싶다면 분위기 전환용 스팟 장착은 필수다.

스팟은 일일이 열거하기 힘들 정도로 종류가 많다. 스팟만을 다룬 책이나 스팟만을 다룬 강의까지 있을 정도다. 그 많은 기법을 다 배울 필요는 없다. 내 몸에 딱 맞는 몇 가지만 익혀도 충분하다.

강의 분위기를 살리는 스팟이라 하더라도 구사할 때 주의할 점이 있다.

첫째, 품격이 떨어지는 저질의 스팟은 강사의 이미지를 훼손시키므로 안 하느니만 못하다.

둘째, 청중에게 억지로 과다한 동작을 강요하면 오히려 반감을 살 수 있다. 왜 귀찮게 하느냐면서 기겁하는 사람도 있다.

셋째, 짧게 치고 빠져야지 긴 시간에 걸쳐 하면 역효과가 난다. 스팟은 보조 수단에 불과하다. 주객이 전도되면 '날로 먹으려 한다'는 평가를 받을 우려가 있다.

소문난 명강사는 스팟이라는 분위기 전환용 엔진을 가동해 강의장에 활력을 불어넣는다. 청중이 집중할 수 있게 분위기를 이끈다. 재미있는 스팟은 졸던 사람도 정신이 번쩍 들게 만든다.

인기 예능 프로의 각종 비법

　　강의는 주제에 따라 이론적인 요소가
많이 포함되는 경우가 있다. 이론적인 설명이 많은 강의는 대개 무
미건조하고 딱딱한 내용이 될 가능성이 높다. 청중이 지루함을 억
지로 참는 모습, 힘겨워하는 모습, 휴대전화를 만지작거리는 모습
을 보면서 강의하는 것은 고역이다. 이럴 때는 강사와 청중 모두 교
육이 빨리 끝나기만을 기다리게 된다. 교육 만족도는 당연히 떨어
질 수밖에 없다.

　이론적 요소가 많은 강의의 경우 강사가 중간에 유머를 섞어가
며 강의하면 한결 부드러워질 텐데, 그렇지 않다면 참으로 난감하

다. 나도 유머가 부족한 멋대가리 없는 강사다. 어느 정도냐면 '세상에서 가장 재미있는 이야기를 가장 재미없게 전달하는 특별한 재주를 가졌을 정도'다. 나도 이론적인 내용이 많은 강의를 할 때는 상당히 고전했다.

그럼에도 나의 강의는 청중의 몰입도나 집중도가 상당히 높은 편이다. 그 비법은 인기 예능 프로그램에 나오는 각종 장치를 강의에 적극 응용하는 것이다. 교안만으로도 고객의 흥미를 유발하는 비법을 공개하겠다.

실제로 작년에 '인사 관리'에 관한 딱딱한 주제로 하루 8시간씩 10여 회에 걸쳐 강의를 했는데, 수강자들한테 '재미있고 귀에 쏙쏙 들어왔다'는 피드백을 받았다. 훌륭한 강사의 조건에는 다섯 가지가 있다고 치자. 이럴 경우 보통의 강사들은 이렇게 강의를 한다.

"여러분! 훌륭한 강사는 '열정, 지식, 표정, 기법, 연구'라는 다섯 가지 조건을 갖춰야 합니다."

"첫째, 열정이란 어떤 일에 대한 뜨거운 헌신과 마음을 의미합니다. 둘째, 지식이란 어쩌고저쩌고……."

이렇게 이론을 나열하며 다섯 가지를 '줄줄이 읽는 식'의 강의는 당연히 무미건조하고 딱딱해진다. 청중도 강의 내용을 기억하지 못한다. 강사의 말은 소음이나 자장가로 들린다. 여기에 더해 청중은 속으로 '누가 그런 거 모르나?'라며 반발할 수도 있다. 극단적인 표현을 쓰자면, 이런 강의는 '하나 마나'다. 나는 TV 예능 프로그램을 벤치마킹해서 새롭게 강의 방식을 구성했다.

1단계로 처음부터 훌륭한 강사의 조건을 아예 보여주지도 언급하지도 않는다. 대신 무슨 암호 같은 난해한 글자들이 흩어져 있는 슬라이드를 보여준다. 까만 바탕화면 위에 글자들이 난해하게 흩어진 것을 보고 청중은 '저게 뭐지?' 하고 궁금해하면서 집중한다. 이때 주의할 점은 한 단어씩이 아니라 한 글자씩 흩어놓는 것이다. '열정, 지식, 표정, 기법, 연구'는 총 열 글자인데 순서 없이 뒤죽박죽으로 만든다. 퍼즐식으로 흩어놓으면 이런 모양이 된다. '구 표 열 연 법 정 기 식 지 구'

2단계로 청중에게 이렇게 이야기한다.

"여러분! 이 퍼즐 안에는 훌륭한 강사의 조건 다섯 가지가 숨어 있습니다. 이 다섯 가지를 찾아보세요. 힌트를 드리자면, 각 단어는 두 글자로 되어 있습니다."

이때 먼저 찾는 팀에게 어떤 혜택이나 상품을 주겠다고 하면 난리가 난다. 여기저기서 "저요~ 저요~" 하면서 손을 들고 서로 대답하려고 한다. 교육장의 분위기가 후끈 달아오른다. 강의 몰입도가 자연스럽게 올라간다.

강사는 정답을 말한 적이 없다. 그러면 누가 찾았을까? 청중이 직접 찾는다. 청중이 스스로 답을 찾게 하는 것. 그래서 기억하게 하는 것. 바로 이것이 핵심이다.

3단계에서는 강사가 훌륭한 강사의 조건 다섯 가지를 일목요연하게 정리해서 보여준다.

①열정 ②지식 ③표정 ④기법 ⑤연구

"여러분이 직접 찾아낸 것처럼 훌륭한 강사의 조건에는 이렇게 다섯 가지가 있습니다. 하나씩 간단하게 부연 설명을 하겠습니다. 먼저 강사의 열정이 가장 중요합니다. 어쩌고저쩌고……."
이런 방식의 강의를 '퍼즐 게임을 통한 강의 기법'이라고 한다. 같은 내용을 강의하더라도 강의 교안을 어떤 식으로 만드느냐에 따라 청중의 몰입도는 크게 달라진다.

또 다른 사례가 있다. TV 예능 프로그램에서 60~70대 노인들에게 설문을 한 적이 있다. "은퇴 이후에 꼭 필요한 것이 무엇이라고 생각하십니까?" 그 결과가 1위부터 5위까지 집계되었는데, 전부 빈칸이었다.
MC가 출연자들에게 말한다.
"자, 어르신들은 어떤 생각을 갖고 있는지 5위부터 맞혀보세요. 맞히는 분께는 푸짐한 상품을 선물로 드립니다."
MC의 말이 떨어지기가 무섭게 출연자들이 여기저기서 손을 든다. 시청자들도 덩달아 '정답이 뭘까?' 또는 '이게 아닐까?'라는 추측을 해보며 자신도 모르게 프로그램에 몰입하게 된다. 왜 그 프로그램에서는 처음부터 결과를 다 공개하지 않았을까? 그 결과를 미리 공개했다면 흥미가 반감되어 김이 빠졌을 것이고, 스튜디오의 분위기를 띄우는 데 실패했을 것이다. 또한 시청자들의 궁금증을 유발하기도 어려웠을 것이다.

바로 이런 점을 강의에 도입하면 유머 감각이 없어도 얼마든지 청중의 흥미와 몰입을 유도할 수 있다. 청중의 궁금증을 유발하여 자발적으로 참여하게 하고 기억에 오래 남게 하는 매우 매력적인 강의 기법이다.

내 강의 교안 중에는 매스컴에 나온 설문조사 결과를 인용하는 경우가 많다. 그때마다 나는 TV 예능 프로그램 방식을 강의에 그대로 도입한다. 예를 들어 설문조사 결과가 1위부터 5위까지 있다면 4위와 5위 정도는 미리 보여준다. 물론 다섯 개 모두 빈칸으로 제시할 수도 있지만 그럴 경우 답을 알아맞히는 데 너무 많은 시간이 걸린다. 그래서 1위부터 3위까지만 빈칸으로 해놓고 그것을 알아맞히게 하면 TV 예능 프로그램 못지않게 청중이 서로 알아맞히겠다며 호응을 한다. 팀별 경쟁을 시키거나 경품을 걸면 분위기는 더욱 고조된다.

이러한 강의 방식은 설문조사 결과 말고도 많은 곳에 응용할 수 있다. 예를 들어 인사평가를 할 때 주의할 점, 팀워크의 효능, 리더의 역할, 셀프리더의 자세, 칭찬의 장점, 제품의 특징 등을 설명할 때 강사 혼자 줄줄줄 읽지 말고 청중에게 빈칸을 채우게 하는 방식을 사용하면 흥미진진한 강의로 만들 수 있다.

같은 내용이라도 강의 교안을 어떻게 구성하느냐에 따라 청중의 몰입도는 달라진다. 관심을 가지고 보면 인기 예능 프로그램에는 비법이 많이 숨어 있다. 그것을 찾아내서 자신의 강의에 맞게 응용하면 된다.

내친 김에 명강사의 강의 기법을 하나 더 소개한다. 예를 들어 '습관의 정의'에 대해 강의를 한다고 치자. 여러분은 어떻게 강의를 하겠는가? 보통의 강사들은 사전에 나와 있는 내용을 옮겨 적고 이를 줄줄줄 읽는다. 이런 주입식 강의를 할 경우 청중의 반응은 과연 어떨까? '저 강사가 우리 수준을 뭐로 보고 저렇게 쉬운 개념 따위를 설명하고 있어?' 하면서 속으로 짜증을 낼지도 모른다.

이렇게 누구나 알고 있을 법한 쉬운 개념을 설명할 경우 나는 퀴즈를 주로 활용한다. 먼저 이렇게 적힌 슬라이드를 보여준다.

"너무 자주 하다 보니 생각과 몸에 밴 일, 즉 지속적으로 반복되는 행동 및 사고 양식. 나는 누구일까요?"

그러고는 청중을 향해 말한다.

"여러분, 이것은 어떤 단어에 대한 정의입니다. 그 단어가 무엇인지 알아맞혀보세요."

이렇게 말하면 청중은 '저게 뭘까' 하고 잠시 생각에 잠긴다. 그러다가 답이 떠오르면 서로 답을 맞히려고 "저요, 저요" 하면서 손을 든다.

이처럼 개념을 먼저 보여주고 무엇에 대한 설명인지 알아맞히도록 하는 방식의 강의를 '퀴즈를 통한 강의 기법'이라고 한다. 물론 퀴즈로 만들려면 교안을 만드는 시간이 더 걸린다. 하지만 조금만 더 노력을 기울이면 청중의 몰입과 집중을 이끌어내고 재미있게 즐기는 시간이 될 수 있다.

지금까지 말한 퍼즐 맞추기, 빈칸 채우기, 퀴즈 등을 활용한 강의 방식은 결코 어렵지 않다. 성의와 열정만 있으면 너무 쉬운 방식이다. 그것을 실천에 옮기면 명강사가 될 수 있다. 애석하게도 알면서도 실천에 옮기지 않는 사람이 많기에 강의 시장은 명강사들만의 시장이 되는 것이다.

유치원 꾸러기들의 몰입 비결

시청률이 고공 행진을 하던 어느 드라마에 대한 이야기를 자주 들었다. 나는 도대체 무슨 내용이기에 사람들 입에 오르내리는지 궁금했다. 그래서 휴일에 몰아서 1편부터 보기로 했다. 듣던 대로 아주 재미가 있어서 그 드라마에 푹 빠졌다. 그런데 그렇게 재미있는 드라마도 네 편 이상 연속으로 보니 슬슬 좀이 쑤시기 시작했다. 이렇게 재미있는 드라마를 보는 것도 5시간을 넘기기가 어려운데 강의라면 어떨까?

강의는 보통 2시간짜리 특강도 있지만, 8시간, 심지어 24시간짜리 강의도 있다. 그렇게 긴 시간 강의를 듣는다면 청중은 얼마나 힘들까? 드라마만큼 재미있지도 않으니 당연히 지친다. 그러니 4시간이 넘는 강의라면 강사는 청중이 지루해하지 않으면서 몰입할 수 있도록 끊임없이 고민해야 한다.

우리 아이들이 어릴 때 유치원에서 아빠와 함께 하는 수업이 있던 날이었다. 아이들은 사랑스럽고 귀여운 재롱둥이지만, 곧잘 사고도 잘 내는 말썽꾸러기도 많다. 그런데 그런 아이들이 선생님 말씀을 귀담아 들으면서 공부도 열심히 하고 잘 따르는 게 아닌가. 선생님은 도대체 어떤 마법을 부렸기에 아이들이 그토록 잘 따르는지 무척 궁금했다.

"여러분, 지금부터 스티커 놀이를 할 거예요. 지금 벽에 동물 사진이 붙어 있는 거 보이죠? 사슴도 있고, 코끼리도 있고, 토끼도 있어요. 동물 친구들이 많이 있어요."

선생님의 말을 듣고 교실 벽을 둘러보니 많은 동물 사진이 붙어 있었다. 그리고 사진 속 곳곳에 동물 이름이 한글로 적혀 있었다.

"선생님이 지금부터 동물 이름을 말할 거예요. 그러면 동물 이름을 아는 친구들은 그 동물 사진에 스티커를 갖다 붙이는 거예요. 알았죠?"

"네!"

꾸러기들은 목이 터져라 대답했다.

이윽고 재롱둥이 아이들은 동물 이름이 나올 때마다 후다닥 달려가서 동물 사진에 스티커를 붙였다. 아이들은 그렇게 신나게 스티커를 붙이면서 그림 속에 적힌 한글을 배웠다. 놀면서 한글을 익히고 있었다.

바로 이것, 아이들은 놀면서 배운다는 점이다. 그래서 그 말썽꾸러기들이 딴짓도 안 하고 오직 수업에 몰입할 수 있었던 것이다. 게임을 통해 청중의 몰입을 유도하고 스스로 깨우치게 하는 것, 그것이 바로 상위 1% 명강사들의 특급 비밀이다.

내 강의 중에 〈S-OJT 코치 양성과정〉이라는 프로그램이 있다. 신입 사원을 일대일로 가르치는 지도 사원을 양성하는 과정이다. 참고로 S-OJT란 'Structured On the Job Training'의 약자로 '체계적인 OJT'라고 한다. 이 과정의 운영 시간은 대개 8~16시간이며, 아무리 짧아도 4시간일 정도로 일반 강의에 비해 상당히 많은 시간이 소요된다. 앞서 말한 것처럼 이렇게 장시간 강의를 할 경우, 교육생들은 반나절 만에 나가떨어지기 쉽다. 이럴 때 나는 이런 방법을 사용한다.

나는 보통 아이스 브레이킹이 끝나고 나면 본론부에 들어가기에 앞서 간단한 테스트를 진행한다. 테스트 문항은 이틀 동안 강의할 내용 중에서 가장 기초적인 내용들을 뽑아서 만드는데 O, X로 답하는 아주 간단한 문제다. 대답하는 데에 부담을 주지 않기 위해서 O, X 형식으로 만들었다.

'OJT에 대해 잘 모르는데 어떻게 답을 하나' 하고 걱정하는 사람들을 위해 간단한 멘트를 날려준다.

"이 문항들은 OJT라는 걸 잘 모르는 사람도 답변할 수 있습니다. 왜냐하면 직장에 들어가서 누구나 선배로부터 일대일 지도를 받아본 경험이 있기 때문입니다. 그때의 경험과 본인의 상식을 동원해서 답을 쓰면 됩니다."

그렇게 해서 개인의 응답을 이끌어내고 나면 그다음이 중요하다. 개별 테스트로 끝내는 것이 아니라 여럿이 팀을 이루어 각자의 조에서 생각하는 '팀의 답'을 도출하게 한다. 이때 팀 활동에서의 주의 사항을 간단히 일러준다.

"대개 팀원들과 의논해서 답을 정하라고 하면 다수결로 후다닥 끝내는 경우가 많습니다. 다수결은 민주주의의 장점이기도 하지만 단점도 있습니다. 소수의 합리적인 의견을 다수라는 이름 아래 묵살하기도 하거든요. 따라서 여러분은 다수결로 답을 정하지 마시고, 누구의 의견이 더 합리적인가에 초점을 맞춰서 답을 정해주시기 바랍니다."

특히 정답을 가장 많이 맞힌 팀 또는 일정 문항 이상을 맞힌 팀에게는 별도의 상품이나 혜택을 주겠다고 하면 다들 열성적으로 팀 활동을 한다. 단 한 사람도 딴짓을 하지 않는다. 몰입도 역시 최고다. 그렇게 해서 같은 팀끼리 의견을 주고받은 후 답을 정하게 한다. 그 결과 개인이 적은 답이 있고, 팀이 정한 답이 있다. 어느 것도 정답이라고 할 수 없다. 여기서 내가 모범 답안을 발표하면서 간단한 부연 설명을 곁들인다.

이러한 과정을 거치게 되면 여러 가지 효과가 부수적으로 따라온다.

첫째, 잠시라도 한눈을 팔 수 없을 정도로 몰입한다.

둘째, 같은 조 구성원들과의 팀워크 및 교육장 전체의 분위기가 좋아진다.

셋째, 교육생이 몰랐던 것, 어정쩡하게 알았던 것을 확실하게 배우고 또 기억하게 된다.

넷째, 교육 전반에 대한 기초 지식을 사전에 습득하고 강의에 임하게 된다.

게임을 통한 참여 유도 방식의 강의는 일방적으로 전달하는 강의보다 몇 배 이상의 학습 효과가 있고, 교육장 전체의 분위기가 달아오르게 만든다. 워낙 효과가 좋아서 나는 위에 말한 〈S-OJT 코치 양성과정〉뿐만 아니라 다른 프로그램에서도 두루두루 활용하는 편이다. 위의 강의 방식을 '이해도 촉진 게임'이라고 한다.

이런 강의 방식을 만들려면 상당한 시간과 노력을 들여야 한다. 하지만 이런 노력이 쌓이고 쌓여 명강의가 되는 것이다.

이 방식은 위의 예처럼 시작할 때 활용해도 되지만, 끝날 때쯤 복습을 겸해서 활용해도 아주 효과적이다. 이틀 이상의 교육에서 다음 날 아침에 전날 배운 것을 복습할 때도 상당히 효과가 있다. 검증된 방식인 만큼 잘 활용한다면 멋진 결과를 가져올 것이라고 확신한다.

스티븐 코비 강연 따라 하기

　　《성공하는 사람들의 7가지 습관》의 저자인 스티븐 코비 박사는 강의를 할 때 청중을 참여시키기로 유명하다. 그의 강연 중 본보기로 삼을 만한 내용 일부를 소개한다.

　　그는 강연 도중에 여성 한 명을 앞으로 불러내어 한 가지 실험을 했다. 탁자 위에 커다란 유리 항아리 하나가 있다. 그 항아리에는 작은 구슬들이 가득 담겨 있어서 더 이상 아무것도 들어갈 틈이 없어 보인다. 그런데 코비 박사는 주먹만 한 돌 다섯 개를 여성에게 주면서 이렇게 말한다.

"이 돌 다섯 개를 유리 항아리 속에 모두 넣어주세요. 단 항아리 안에 있는 구슬을 버리면 안 됩니다."

그 여성은 돌을 쑤셔넣기 위해 온갖 방법을 다 써본다. 땀까지 흘리면서 투지를 불태워보지만 다섯 개의 돌을 다 담는 것은 불가능해 보인다. 이 광경을 보고 있던 청중도 불가능한 일이라는 생각이 든다. 결국 그 여성은 두 손을 들고 포기한다.

"박사님, 이 항아리에 큰 돌 다섯 개를 다 넣는 것은 불가능합니다."

그때 코비 박사는 빙그레 웃으면서 탁자 밑에서 빈 유리 항아리 하나를 더 꺼내주면서 이렇게 말한다.

"그러면 이번에는 방법을 바꿔보세요. 빈 항아리에 그것들을 다시 담아보는 겁니다."

그 여성은 그 말을 듣자마자 옷소매를 걷어올리며 새로운 방법을 시도한다. 제일 먼저 빈 항아리에 큰 돌들을 담는다. 그런 다음 작은 구슬들을 넣고 항아리를 흔들어대자 다섯 개의 돌멩이가 항아리 안에 다 들어간다. 조금 전까지만 해도 불가능해 보였는데 큰 돌을 먼저 넣고 나니 문제가 쉽게 풀린다.

코비 박사는 청중에게 이 실험의 의미에 대해 이렇게 말한다.

"만약 당신이 큰 돌을 먼저 넣지 않는다면 영원히 큰 돌을 항아리에 넣지 못할 것입니다."

청중은 고개를 끄덕이며 열광적인 박수를 보낸다. 삶에서 중요한 일, 소중한 일을 먼저 해야 한다는 메시지를 전하기 위해 그는 많은 시간을 들여가며 이런 실험을 했던 것이다. 청중이 스스로 깨우치도록 하기 위해서 말이다.

만약에 스티븐 코비가 중요한 일을 먼저 하라는 메시지를 일방적으로 전달하는 식의 강의를 했다면 그 결과는 어땠을까? 아마 청중의 마음을 움직이지 못했을 것이다. 하지만 청중이 직접 참여한 실험을 통해 그가 던진 메시지는 상당히 오랫동안 기억에 남을 것이다.

성인을 대상으로 하는 강의는 청중의 참여도가 높을수록 몰입도가 높다. 몰입도가 높을수록 스스로 깨우치는 바가 많다. 일방적인 전달식 강의는 자칫 잘못하면 훈계 또는 설교가 되어 청중의 반발을 사기 쉽다. 이런 일을 막기 위해서라도 어떻게 하면 청중의 참여를 이끌어낼지를 끊임없이 고민해야 한다.

성공적인 강의의 기준은 내가 무엇을 전달했는가보다 청중이 스스로 느끼고 스스로 깨우쳤는가가 더 중요하다. 그러니 일방적으로 전달하는 강의보다는 청중이 적극적으로 참여하는 강의를 지향해야 한다. 그래야 청중은 본인의 경험을 확인하면서 학습하고 학습한 것을 활용하는 기회까지 모색하게 된다. 관심과 흥미를 유발하는 활동은 아주 다양하다. 그중 대표적인 팀 활동 사례를 소개하겠다.

일방 전달식 훈계성 강의의 가장 대표적인 예는 아마 신입 사원을 대상으로 한 강의일 것이다. 그중에서 〈바람직한 직장인의 자세〉라고 하는 프로그램은 제목만 다를 뿐 모든 회사들이 공통적으로 운영하는 프로그램이다. 또 강의를 하는 사람도 대개 사장이나 인사담당 임원 또는 인사팀장이다.

그렇다 보니 이 강의의 특징은 훈계 일변도라는 것이다. 내 딸도 대기업에 입사해서 신입 사원 교육을 받는데 '이렇게 해라, 저렇게 해라'는 식의 잔소리를 2시간 내내 듣는데 졸려서 혼났다고 한다. 그런데 강의를 하는 사람이 신입 사원의 생사여탈권을 쥐고 있다 보니 찍히지 않으려고 허벅지를 꼬집으며 졸음을 참았다고 한다. 이게 현실이다.

나는 아무리 신입 사원이라고 하더라도 강의 주제, 즉 '바람직한 직장인의 자세'가 어떤 것인지 정도는 어렴풋이 알고 있다는 점에 착안해야 한다고 생각한다. 나의 경우는 팀을 여러 개로 나누어서 분임 활동을 하게 한다. 분임 활동을 하면 '아, 이런 자세로 근무해야겠구나' 하는 것을 스스로 느끼게 된다.

팀 활동 후에는 토의 결과를 발표하게 하고, 그때 간단하게 부연 설명 또는 특히 중요한 점을 강조해주면 된다. 발표가 다 끝나고 나면, 본인이 준비해온 자료 중에서 언급되지 않은 사항들을 골라 강의하면 된다. 팀 활동을 적절하게 잘 활용하면 잔소리가 아닌 쓴 소리로 새겨듣게 하고 신입 사원 스스로 알아서 할 수 있게 한다. 일석이조가 따로 없다.

강의를 준비하고 기획할 때 꼭 염두에 두어야 하는 부분이 바로 청중의 참여다. 어느 부분에서 팀 활동을 시킬 것인지, 어느 부분에서 퀴즈를 낼 것인지, 어느 부분에서 역할 연기를 시킬 것인지, 어느 부분에서 실습을 시킬 것인지 치밀하게 전략을 짜야 한다. 이렇게 하면 강의가 살아서 춤을 출 것이라고 확신한다.

"일방 전달에 몰입 없고, 참여 앞에 졸음 없다!"

세 마리 토끼를 잡는 질문의 기술

      얼마 전 우연히 스포츠 뉴스를 보는
데 눈에 확 띄는 장면이 있었다. 기자가 포항 스틸러스 황선홍 감독
에게 물었다.

"최근 팀의 승승장구 비결을 한마디로 뭐라고 할 수 있을까요?"

"팀이 위기에 처했을 때, 그 돌파 전략으로 소크라테스의 산파술
을 활용했습니다."

"좀 더 구체적으로 말씀해주시겠어요?"

"네, 저는 선수들에게 수차례 질문을 던져서 답변을 유도했습니
다. 선수들 스스로 생각하고 스스로 깨우치는 과정을 통해 투쟁심

과 긴장감을 고취시켰습니다."

고대 그리스의 위대한 철학자 소크라테스. 그가 사용한 산파술이 시대를 뛰어넘는 최고의 강의 기법으로 각광을 받고 있다. 도대체 어떤 비결이 담겨 있기에 황선홍 감독도 즐겨 쓰고 있을까?

산파는 아이를 직접 낳는 것이 아니라 아이를 낳도록 도와주는 역할을 한다. 산파는 출산 현장에서 철저히 보조자의 역할을 수행한다. 이와 마찬가지로 스승이 제자들에게 답을 직접 주는 것이 아니라, 답을 찾을 수 있도록 도와주는 것, 이것이 산파술의 핵심이다. 소크라테스는 생각을 자극하는 질문을 제자들에게 계속 던짐으로써 제자들 스스로 깨우칠 수 있도록 도와주었다. 이러한 기법을 산파에 비유하여 산파술이라고 명명한 것이다. 새로운 지식을 가르치는 것이 아니라, 머릿속에 있는 지식을 꺼내는 것이기 때문에 이 시대 최고의 강의 기법으로 각광을 받고 있다.

소크라테스의 산파술은 강의 기법 측면에서도 여러 가지 장점이 있다.

첫째, 청중이 강의에 최대한 집중할 수 있게 해준다. 청중이 대답을 해야 하기 때문에 딴 생각을 할 겨를이 없다.

둘째, 청중 스스로 생각하고 깨우치도록 한다. 일방적인 전달식으로 쏟아붓는 강의가 아니라, 문답으로 이어지기 때문이다.

셋째, 질문에 답을 하면 할수록 더 완벽하게 이해할 수 있다. 뿐만 아니라 내가 아는 것과 모르는 것을 명확히 구분할 수 있다.

넷째, 청중의 기억에 오래 남는다. 단순히 전해들은 지식은 쉽게 잊어버린다. 그러나 스스로 생각해서 스스로 깨우치면 쉽게 잊지 않는다.

실제로 강의 현장에서 가장 많이 접하는 강의가 일방 전달식의 강의다. 강사가 중심이 되어 일방적으로 쏟아붓는 일방 전달식의 교육은 집중력도 떨어지고 청중의 이해도 낮다. 그러나 청중에게 질문을 던지는 방식으로 강의를 진행하면 청중은 훨씬 더 집중하고 이해도도 높다. 따라서 '질의응답을 통한 상호작용'은 한마디로 임도 보고 뽕도 따는 강의 기법이다. 이제 강의에서 청중과의 질의응답을 통한 상호작용은 선택이 아니라 필수다.

하지만 질의응답을 통한 상호작용이 좋다고 해서 마구잡이로 질문을 던져서는 오히려 역효과가 난다. 청중과 상호작용을 활발하게 하기 위해서는 어떻게 해야 효과적인지 그 요령을 제대로 알고 구사해야 한다.

강사가 청중에게 '질문을 할 때'는 다음의 중요한 포인트에 유념해야 한다.

첫째, 강사의 질문에 대해 청중이 답변을 하면, 반드시 그 말을 요약해주어야 한다. 청중은 강사만 들을 수 있게 작은 목소리로 말하는 경우가 많다. 뒤쪽에 앉은 청중은 잘 안 들리거나 소외되는 느껌을 받을 수 있다. 따라서 청중이 모두 알아들을 수 있도록 다시 요약해주는 것이 중요하다.

둘째, 반복 요약을 하고 나면 반드시 칭찬을 곁들인다. "핵심을 꿰뚫는 훌륭한 답변입니다"라는 말에 청중은 기분이 좋아진다. 강사로서는 적극적인 우군이 될 수 있다. 칭찬하기가 마땅치 않으면 박수를 유도하는 것도 좋은 방법이다.

질의응답 요령은 이처럼 크게 어렵지 않다. 그런데 90% 이상의 강사들이 반복 요약이나 칭찬을 안 한다. 반복 요약과 칭찬은 선택이 아니라 필수라는 것을 잊지 말자.

반대로 청중에게서 '질문을 받았을 때'의 중요한 포인트도 있다.

첫째, 질문을 받고 나면 반드시 그 질문에 대해 반복 요약 및 칭찬을 한다. 질문의 요지를 정리하는 한편 질문을 한 청중의 자존감을 높여주는 과정이다. 강사는 항상 청중의 말을 듣고 나면 반복 요약과 칭찬을 해주는 것을 원칙으로 삼아야 한다.

둘째, 강사는 청중의 질문에 대해 답변을 하고 나서 반드시 답변이 충분했는지 확인해야 한다.

"질문에 대해 충분한 답변이 됐습니까?"라고. 이때 상대방과 시선을 마주치는 것이 바람직하다. 이러한 포인트 몇 개만 잘 활용해도 '아, 그 강사 참 전문가답네' 하는 칭찬을 듣게 된다. 요령으로만 익힐 것이 아니라 완전히 몸에 배도록 습관으로 만들어야 한다.

질의응답을 할 때 세세한 부분에서 배려하지 못하거나 잠깐의 실수로 인해 강의를 망쳐버리는 경우가 비일비재하다. 참으로 안타까운 일이 아닐 수 없다. 내가 교육 현장에서 직간접적으로 체험한 내용을 토대로 정리해보면 다음과 같다.

첫째, 지명 질문은 누구에게 하는 것이 좋을까?

지명 질문은 반드시 교육 분위기를 띄워줄 수 있는 사람에게 해야 한다. 눈에 띄는 아무에게나 하지 말라는 얘기다. 특히 아직 분위기가 무르익지 않은 도입부에서 유념해야 한다. 강사들은 대개 앞자리에 앉은 사람에게 먼저 질문하는 습성이 있는데 이는 큰 화를 초래하기도 한다. 앞자리에 앉은 사람들 중에는 간혹 늦게 오는 바람에 어쩔 수 없이 앞쪽에 앉은 경우도 있다. 그런 사람에게 질문을 던지면 짜증을 내거나 마지못해 대답하는 경우가 많다. 그 때문에 오히려 교육장 분위기가 싸늘해진다. 특히 초반부에 이런 일이 생기면 교육장 분위기를 되돌리기 힘들어진다.

청중 중에는 방금 전 상사에게 꾸지람을 들은 사람, 아침에 아내로부터 잔소리를 듣고 와서 기분이 안 좋은 사람이 있을 수 있다. 그들은 머릿속이 온통 딴 생각으로 가득 차 있고 인상까지 찌푸리고 있을 가능성이 높다.

강의 초반부에는 의도적으로 교육장 분위기를 끌어올려줄 사람에게 질문해야 한다. 어떻게 그런 사람을 구분할까? 그런 사람을 찾는 것은 생각보다 쉽다. 강의를 시작하고 나면 불과 3~5분 만에 그런 사람들이 눈에 보인다. 강사가 말할 때 고개를 끄덕거리는 사람, 미소를 짓고 바라보는 사람, 적극적으로 답변해주는 사람, 리액션을 잘하는 사람 등등. 그런 사람이 교육장 분위기를 북돋아줄 키맨(Key Man)이다. 그들에게 먼저 질문을 해서 교육장 분위기를 조금 띄운 후 질문 대상자를 서서히 넓혀나가는 것이 좋다.

둘째, 청중이 졸고 있을 때는 어떻게 할까?

졸고 있는 청중에게 바로 질문을 던지는 것은 절대 금물이다. 그 사람을 지명해서 질문을 던지면 잠을 깨우는 데는 성공할지 모르나, 당사자는 사람들 앞에서 창피를 당했다고 생각해서 악감정을 품을 수 있다. 그럴 때는 조용히 다가가서 옆 사람에게 질문을 던지는 것이 좋다. 옆 사람과 대화를 나누게 되면 졸던 사람도 정신이 번쩍 들게 된다. 이처럼 자연스럽게 졸지 않도록 유도하는 것이 바로 강사의 역량이다.

셋째, 답변이 불충분할 때는 어떻게 하는 것이 좋을까?

간혹 강사의 질문에 대한 청중의 답변이 불충분한 경우가 있다. 이때 강사가 틀렸다고 지적하면서 핀잔까지 주는 경우가 있는데 절대 바람직한 모습이 아니다. 이럴 때는 먼저 긍정적으로 대응하는 것이 좋다. 사전에 간단한 힌트를 주어서 제대로 답변할 수 있도록 유도하는 것이 가장 좋다.

최근 어떤 강의에 참석했을 때의 일이다. 강사가 청중에게 질문을 했는데 사실 답변하기가 쉽지 않은 질문이었다. 그럼에도 불구하고 청중은 성의껏 이런저런 답변을 했다. 그랬더니 강사가 그런 것도 모르냐면서 질책하는 모습을 보고 깜짝 놀랐다. 그 강사는 '수준이 의심스럽다'는 표현까지 썼다. 청중은 속으로 '그래, 너 잘났다'라는 분위기였고, 그 이후 강사가 무슨 질문을 해도 청중은 아예 입도 뻥끗하지 않았다. 내가 보기에 정말 한심하기 짝이 없는 강사였고, 수준이 떨어지는 사람은 청중이 아니라 바로 그 강사였다.

설사 청중의 답변이 불충분하거나 틀렸다고 하더라도, 단정적으로 틀렸다는 표현을 쓴다든지 질책이나 핀잔을 해서는 안 된다. 먼저 청중에게 긍정적으로 대응해야 한다. 대답해준 청중이 입도 뻥끗 안 하고 멀뚱멀뚱 쳐다보는 청중보다 훨씬 고마운 사람이라는 사실을 잊으면 안 된다.

"네, 말씀하신 내용도 아주 훌륭한 답변입니다. 여러분, 큰 박수를 부탁드립니다!" 하면서 일단은 칭찬을 통해 분위기를 좋게 만들어주어야 한다. 그리고 나서 이렇게 말하면 된다.

"그런데 이러이러한 점을 가미하면 조금 더 좋은 답이 나올 수도 있을 것 같은데요"라고 하면서 간단한 힌트를 주면 강의 분위기와 함께 강사에 대한 신뢰도도 함께 올라간다.

상위 1% 명강사의 비밀 노트 4

- 전문 용어를 남발하지 말고, 이해하기 쉽게 풀어서 설명하라.

- 잘 만든 예화 하나, 열 지식 안 부럽다.

- 장황한 말 NO! 간결한 문구 YES!

- 슬라이드는 눈에 띄게, 이해하기 쉽게, 보기 쉽게!

- 적당히 재미를 줄 수 있을 정도의 유머를 첨가하라

- 시의적절한 스팟을 통해 강의장에 활력을 불어넣어라.

- 퍼즐 게임, 빈칸 채우기, 퀴즈를 적재적소에 활용하라.

- 청중의 참여를 유도할 수 있는 게임을 개발하라.

- 팀 활동이나 시연 등을 통해 스스로 느끼게 하라.

- 질의응답을 통해 청중과 상호작용하라.

5

상위 1% 명강사의 비밀
_기본

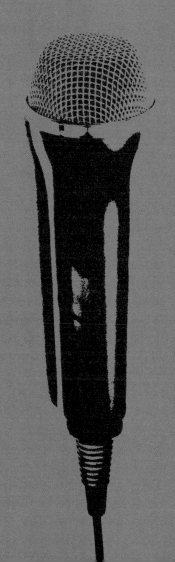

교수 말고 아나운서에게 배워라

　　　　　　　제주도에 있는 어느 회사에서 강의를 할 때다. 교육 담당자와 대화를 나누던 중에 그분이 이런 말을 했다.

"비싼 돈 내고 비행기 타고 서울까지 가서 강의를 들었어요. 그런데 그 강사가 사흘 내내 팔짱을 끼거나 호주머니에 손을 넣고 강의를 했어요. 불손하다는 생각이 드니까 그 사람이 무슨 말을 하는지 아무것도 안 들렸습니다. 돈이 아깝더라고요."

그러면서 한마디 덧붙였다.

"내용이 괜찮으면 출강 요청을 하려고 했는데, 절대 부르고 싶지 않았습니다."

그 강사는 부적절한 자세 때문에 좋은 기회를 놓치고 만 것이다. 물론 그 덕택에 내가 강의를 맡는 행운을 누리게 되었지만……

강의 기법을 제대로 배우지 않은 강사들은 대개 학교에서 보았던 교사나 교수의 행동을 따라 하는 경우가 많다. 교사나 대학교수는 학생을 가르치고 평가하는 위치에 있다. 그러다 보니 다소 거만한 자세나 몸동작을 취하더라도 문제를 삼는 학생이 거의 없다.

그러나 평생교육 시장 또는 기업교육 시장에서의 강의는 청중이나 교육 담당자가 칼자루를 쥐고 있다. 그리고 청중은 주로 성인들이기에 강사가 거만한 자세를 보이는 경우, '저 강사는 뭐가 저리 건방져?' 하는 반응을 보인다. 내용이 아무리 좋더라도 사소한 행동과 말 한마디 실수로 강의를 망칠 수 있다. 강사는 자신의 자세나 언어에 각별히 주의를 기울여야 한다.

그럼 어떤 자세를 취해야 할까? TV 아나운서의 자세가 정석에 가깝다고 생각하고 따라 하면 좋다. 과거에 보았던 선생님이나 교수님의 자세는 잊기 바란다. 선생님이나 교수님을 비하하는 뜻은 아니니 독자의 양해를 부탁한다. 이제 하나하나 그 요령을 살펴보겠다.

먼저 강단에 서면 발을 어깨 너비보다 약간 좁게 벌리고 팔은 자연스럽게 내리는 게 좋다. 그런데 간혹 공손해 보이기 위해서인지 몰라도 두 손을 가지런히 앞으로 모아 사타구니를 가리는 자세를 취하는 경우가 있는데, 이는 바람직하지 않다. 이 자세는 일명 '프리킥 자세'라고도 한다. 축구에서 프리킥을 찰 때 수비벽을 쌓은 선수들이 중요 부위를 가리고 서 있는 자세다. 이 자세를 취하면 어깨가 좁아진다. 어깨가 좁아지면 시선이 밑으로 간다. 시선이 밑으로 가면 자신감이 없어 보인다. 이렇게 자신감 없는 태도를 취하면 강의의 신뢰도가 떨어진다. 물론 이 자세는 고객 앞에서나 상사 앞에서는 공손해 보이기 때문에 문제가 없다. 하지만 강단에서는 바람직한 자세가 아니라는 사실을 기억하기 바란다.

고쳐야 할 자세가 이외에도 많다. '짝다리'로 서는 자세는 왠지 불안정해 보이기 때문에 피해야 한다. 팔짱을 끼거나 뒷짐을 지는 자세, 호주머니에 손을 넣는 자세는 상당히 예의 없어 보이므로 역시 반드시 고쳐야 한다.

마이크를 잡을 때도 주의해야 한다. 마이크가 입에 너무 가까우면 스피커 소리가 귀에 거슬리므로 적당한 거리를 유지해야 한다. 마이크를 입에 댔을 때 스피커 소리가 내 귀에 들리면 마이크가 가깝다는 증거다. 마이크를 밑으로 조금씩 내리다 보면 내 육성이 들리는 때가 있다. 그 간격이 가장 적정한 거리다. 강의 전에 그 간격을 반드시 확인할 필요가 있다. 또 노래방에서 노래하는 것처럼 마이크를 감싸쥐고 말한다든지, 마이크 줄을 돌돌 말아서 쥐고 강의

하는 것도 바람직한 자세가 아니다.

교탁이나 연단이 있을 경우 주의할 점이 있다. 교탁이나 연단 뒤에서 강의하는 것은 청중과 벽을 쌓고 말하는 꼴이니 바람직하지 않다. 게다가 움직임 없이 계속 교탁 뒤에서만 강의를 하면 청중은 5분만 지나도 다른 생각을 하거나 지루해한다. 적당히 탁자 옆으로 나와 몸 전체가 보이는 상태에서 강의를 하는 것이 좋다. 이때 탁자에 자연스럽게 손을 올려놓고 강의하는 것은 괜찮다. 그러나 교탁에 한쪽 팔을 기대고 다른 쪽 팔은 허리춤에 걸치고 다리는 꼬고 서 있는 장면! 어디서 많이 본 것 같지 않은가? 꼴불견 그 자체다. 거만함이 극에 달한 행동이다. 올바른 자세로 청중의 시선을 사로잡기 바란다.

어렵게 따낸 강의다. 고생고생해서 준비한 강의다. 잘못된 자세 하나로 그 고생을 물거품으로 만드는 일이 없어야 한다.

인물은 조상 탓, 표정은 내 탓!

어느 세미나에 참석했을 때다. 첫 번째 강의가 활기찬 분위기 속에 끝나고 두 번째 강의가 시작되었다. 두 번째 강사가 열심히 강의하는데 전체적인 분위기는 이상하게 축 가라앉아 있었다. 강사가 청중에게 자유롭게 답변을 해달라는 주문을 했지만, 질문을 해도 모두가 고개를 숙인 채 묵묵부답이었다. 청중은 무슨 마법에 걸리기라도 한 듯 팔짱을 낀 채 무뚝뚝하게 바라보고 있었다.

왜 이런 일이 생겼을까? 강사의 무뚝뚝하고 근엄한 표정이 분위기를 어둡게 만들었기 때문이다. 나는 그날 강사를 유심히 관찰했는데 그 강사는 처음부터 끝까지 시종일관 표정이 굳어 있었다. 그러다 보니 그 에너지가 청중에게 전달되어 강의장의 분위기를 얼어붙게 만들었다. 강사의 표정이 굳어 있는데 청중의 표정이 밝은 경우를 나는 보지 못했다. 강사의 표정이 굳어 있는 상태에서 청중과의 상호작용은 쉽지 않다. 특히 청중이 마지못해 끌려온 교육생이라면 더욱 그렇다.

한때 시청률이 30%에 육박했던 〈거침없이 하이킥〉이라는 시트콤이 있었다. 그 드라마에서 해맑은 미소로 일약 스타덤에 오른 배우가 있다. 조그마한 눈에 풋풋하고 귀여운 얼굴의 서민정! 그녀는 원래 '스마일의 여왕'이 아니었다. 그녀가 방송계에 처음 발을 들여놓을 때만 해도 웃음이 많지 않았다고 한다. 수척한 모습에 다소 어두운 그늘이 있었던 그녀가 '비장의 무기'인 해맑은 미소를 갖게 된 것은 끈질긴 노력 덕분이었다. 그녀는 하루에 3시간 이상 '미소 짓는 표정'을 연습했다. 6개월 동안 땀 흘린 결실로 '스마일의 여왕'이라는 애칭을 얻게 된 것이다.

서민정은 노래 부를 때 음정과 박자가 하나도 맞지 않는다. 그런데도 보는 이로 하여금 미소를 짓게 한다. 서민정표 '반달눈 웃음'을 얼굴 가득 머금은 채 열심히 부르기 때문이다. 그래서 얻은 또 하나의 애칭이 '음치의 여왕'이다. 뭔가 부족해도 귀여운 미소가 다 가려준다. 그녀는 해맑게 웃으며 말한다. "웃음도 노력이에요!"

밝은 표정과 미소는 분위기를 환하게 만드는 힘이 있다. 주위 사람에게 친근감과 호감을 준다. 주위 사람들을 빨아들이는 매력이 있다. 뭔가 잘못해도 그냥 용서가 된다. 뭔가 부족해 보여도 그냥 넘어가준다. 상위 1%에 속하는 명강사들은 대부분 밝은 표정과 미소를 기본 무기로 장착하고 있다.

강의에서는 첫인상이 매우 중요하다. 강사의 첫인상은 바로 얼굴 표정이다. 미소를 머금으며 밝은 표정을 짓고 있으면 인상이 저절로 좋아진다. 이런 강사에게 청중은 호감과 친근함을 느낀다. 청중이 강사에게 호감을 느끼면 질문에 적극적으로 대답하고 호응을 잘해준다. 어디 그뿐인가? 밝은 표정으로 미소를 짓고 있으면 나도 모르게 기분이 좋아지고 활력이 넘친다. 좋은 기분과 활력은 청중에게 그대로 전파되어 강의장 전체의 분위기를 활기차게 만든다.

"미소보다 강한 첫인상은 없다!"

〈강사양성아카데미〉에서 강의하고 코칭하면서 느끼는 게 있다. 강사 10명 중에 7~8명은 강의할 때 표정이 굳어 있다는 사실이다. 표정이 굳어 있으면 긴장하게 되고 긴장하면 말하는 속도가 빨라진다. 그러다 보면 평정심을 잃는 경우가 많다. 말하는 속도가 빨라지면 다시 표정이 굳어지는 악순환이 되풀이된다. 교육장 분위기가 가라앉는 것은 당연하다.

미소를 띠고 밝은 표정을 지어야 한다는 사실은 누구나 알고 있지만, 실천을 안 하는 것이 문제다. 바로 그 점이 우리에게는 기회가 된다. 대다수가 굳은 표정을 짓고 있기 때문에 내 표정이 조금만 밝아도 기본 점수는 따고 들어간다.

평소에 항상 밝은 표정을 짓는 것이 가장 바람직하지만, 그게 잘 안 된다면 최소한 강의가 있는 날만이라도 표정 연습을 해야 한다. 미리 연습해야 얼굴 근육이 풀려서 강의를 시작할 때 자연스럽게 웃을 수 있다. 그런데 종일 굳어 있다가 갑자기 웃으려고 하면 어색할 수밖에 없다. 청중은 미소의 진위를 금방 알아차린다.

어느 회사에 가서 강의를 하는데 한 청중으로부터 '비주얼 테러리스트'라는 말을 들은 적이 있다. 그런데 표정이 너무 밝아서 마치 옆집 아저씨처럼 포근하게 느껴진다고 했다. 선천적으로 타고난 얼굴은 어쩔 수가 없다. 하지만 표정은 바꿀 수 있다. 나처럼 타고난 비주얼이 신통치 않은 사람일수록 거울을 보며 표정 연습을 해야 한다.

'얼굴은 조상 탓! 그러나 표정은 내 탓!'이다. 시종일관 환한 미소를 지어 청중을 내편으로 만들자.

청중의 귀를 사로잡아라

잘 아는 교육 담당자가 SNS에 올린 글이다.

"어느 세미나에 참석해서 강의를 들었습니다. 그런데 강의가 시작되고 10분이 지나지 않아 괜히 돈과 시간을 낭비하고 있다는 생각이 들었습니다. 자리에 앉아 있는 것이 고통이었습니다. 시간이 조금 지나자 하품을 하거나 아예 자리를 뜨는 청중이 눈에 띄게 늘었습니다."

그러면서 그 이유에 대해 이렇게 썼다.

"신경을 바짝 곤두세우고 집중해서 들었는데도 그분의 강의가 무슨 말인지 도통 이해할 수가 없었습니다. 강의에 매가리도 없을 뿐만 아니라, 목소리 톤도 너무나 단조롭고 일률적이었습니다. 게다가 말끝도 자주 흐리고 사투리까지 섞어서 강의를 하고 있었습니다. 분명 우리나라 말을 하고 있는데도 무슨 뜻인지 도저히 알아들을 수가 없었습니다."

아무리 콘텐츠가 좋아도 청중에게 제대로 전달하지 못하면 빵점짜리 강의다. 강의에서는 음성이 차지하는 비중이 높다. 미국의 심리학자 메라비언 박사의 연구에 따르면, 의사를 전달하는 데 음성이 차지하는 비중이 무려 38%에 달한다고 한다. 그러므로 강의를 할 때는 청중이 잘 알아듣고 강사의 말에 집중할 수 있도록 음성에 각별히 신경 써야 한다. 여기서 음성이란 좀 더 구체적으로 말하자면 '음성의 변화'를 의미한다. 목소리의 크기, 말하는 속도 등에 변화를 주는 것이다. 음성의 변화가 있어야 같은 내용이라도 청중에게 더 잘 전달된다. 음성의 변화가 있을 때 설득력이 높아진다. 음성이 중요하다고 하니까 '목소리가 태생적으로 작은데 어떻게 하지?' 하고 고민하는 사람이 있을 것이다. 고민하지 않아도 된다. 목소리가 작은 것은 흠이 아니다. 마이크를 잘 활용하면 된다. 하지만 음성의 변화가 없다면 훈련을 통해 교정해야 한다.

성우는 목소리로 연기하는 사람이다. 라디오 연속극을 듣다 보면 상황이 머릿속에 그려진다. 〈소비자 고발〉 같은 TV 프로그램을 보면 그렇게 실감나게 들릴 수가 없다. 성우가 실감나게 연기하는 비결, 그것이 바로 앞서 얘기한 음성의 변화다.

다음은 음성의 변화를 주는 요령이다.

첫 번째는 속도의 변화다.

같은 말이라도 때로는 빠르게, 때로는 느리게 구사함으로써 다른 느낌을 줄 수 있다. 평범한 속도로 강의를 하다가 갑자기 빠르게 말하면, 긴장감이 더해지면서 강의를 절정으로 끌어올리는 데 매우 효과적이다. 반대로 갑자기 말의 속도를 늦추면, 메시지가 더욱 강조되기도 한다.

두 번째는 강약과 높낮이의 변화다.

음성의 강약이나 높낮이를 다르게 구사하면 일률적인 톤으로 말하는 것보다 몇 배는 더 청중에게 잘 들린다. 단조로운 어조나 똑같은 톤으로 말하면 지루함이나 졸음을 유발한다. 그러나 평범하게 말하다가 갑자기 소리를 높이면 청중은 주의를 집중한다. 반대로 목소리를 낮추는 경우에도 같은 효과를 낸다.

세 번째는 틈새 기법이다.

같은 강의라도 틈새 기법을 추가하면 강의가 한층 빛난다. 틈새 기법이란 말을 하다가 몇 초 동안 잠시 멈추고 침묵하는 것이다. 강의가 절정에 달했을 때나 결론을 유도할 때, 청중의 동의를 유도하거나 주의를 집중시킬 때 매우 유용한 방법이다.

'애리조나 총기 난사' 사건 희생자들에 대한 오바마 미국 대통령의 추모사는 모든 미국인들을 감동시킨 명연설이었다. 그는 추모사에서 여덟 살의 어린 나이에 사망한 크리스티나 그린을 언급하며 "저는 우리 민주주의가 크리스티나가 상상한 것과 같이 좋았으면 합니다. 우리 모두는 아이들의 기대에 부응하는 나라를 만들기 위해 최선을 다해야만 합니다"라고 언급한 후 갑자기 말을 멈췄다. 그는 연설을 중단한 후 애써 눈물을 참는 듯 눈을 깜박이며 감정을 추스르는 모습을 보였다. 그 침묵의 시간이 무려 51초나 이어졌다. 긴 침묵이 흐른 뒤 그는 어금니를 꽉 깨물고 연설을 이어갔다. 그는 51초 동안의 침묵을 통해 한 나라의 대통령이자 두 딸을 둔 아버지의 모습을 극적으로 표현했고, 이를 지켜보던 전 미국인들을 감동시켰다. 이 연설은 보수와 진보, 흑인과 백인을 넘어서 많은 사람들의 가슴을 적셨다. 틈새 기법은 이처럼 한 박자를 늦춤으로써 때로 열 배 이상 강조하는 효과와 더불어 진한 감동을 줄 수 있다.

음성의 변화를 글로 표현하려니 다소 어려운 점이 있기는 하지만 예를 들어보겠다.

"여러분, 강사의 조건 가운데 가장 중요한 것은 바로 열정입니다"라는 말을 한다고 치자. 이 말을 평범하게 한다면 청중에게는 그저 한 귀로 듣고 한 귀로 흘리는 소음에 불과할지도 모른다. 그러나 음성의 강약과 함께 높낮이, 틈새 기법을 사용하면 청중의 귀에 쏙쏙 박힌다.

"(목소리를 낮게 깔아서) 여러분"

"(크고 힘 있는 목소리로) 강사의 조건 가운데 가장 중요한 것은"

"(목소리를 좀 더 높여서) 바로"

"(5초 쉬었다가, 목소리를 다시 낮춰) 열정입니다."

여러분도 한번 따라 해보길 바란다. 처음부터 끝까지 같은 톤으로 이야기하는 것과 확연한 차이가 있다.

처음부터 끝까지 음성의 변화 없이 밋밋하게 강의하는 사람들이 가끔 이런 말을 한다. '나는 할 말을 다 했는데 청중이 말귀를 못 알아듣는다'고. 청중이 말귀를 못 알아듣는 게 그의 말대로 과연 청중의 잘못일까? 아니다. 강사에게 90% 이상의 책임이 있다. 다시 한번 강조하건대 내가 무슨 말을 했느냐가 중요한 것이 아니라, 어떻게 말을 했느냐가 중요하다. 그래서 음성의 변화를 통해 감정을 표현하고 제대로 전달해야 청중을 설득할 수 있다. 상위 1% 명강사들은 성우의 실감나는 연기 비밀을 강의에서 늘 활용한다. 음성에 변화를 주어 청중의 귀를 사로잡는다.

음성의 변화 못지않게 중요한 것이 정확한 발음이다. 부정확한 발음은 강의를 하는 사람에게 치명적인 결함이 될 수 있다. 결정적인 순간에 모호한 발음 때문에 핵심 메시지를 전달할 수 없다면 하나 마나 한 강의가 된다. 또렷하고 정확한 발음으로 강의하고 싶다면 평소 신문이나 책을 낭독하는 연습을 해서 발음을 교정할 필요가 있다. 발음이 부정확한 연기자가 발음을 교정하기 위해 볼펜을 입에 물고 한 단어 한 단어 연습하는 과정을 거치는 것처럼 강사도 그에 버금가는 노력을 기울여야 한다.

음성에서 또 하나 주의할 점이 의미 없이 내뱉는 말버릇이다. 예를 들어 말끝마다 "어~, 에~, 으음~, 인자~, 그~" 하는 경우다. 티가 날 정도로 말버릇이 심하다면 반드시 고쳐야 한다.

어느 회사의 〈사내강사 양성과정〉을 진행하면서 겪은 일화다. 말버릇이 심한 사내강사 A가 시범 강의를 10분 하기로 했다. 그래서 동료 직원에게 A가 강의하는 동안 어떤 말버릇을 몇 회 정도 하는지 체크해달라고 부탁했다. 시범 강의가 끝나고 물었더니 '인자~'를 말끝마다 하는데 무려 80회가 넘어서 체크를 포기했다고 말했다. 당사자 A는 충격에 휩싸였다. A는 강의 내용을 의미 없는 말버릇으로 도배했다고 해도 과언이 아니다. A처럼 자신의 말버릇이 심하다는 것을 전혀 모르는 사람이 의외로 많다.

이런 경우는 대개 평상시의 대화 습관이 강의에 그대로 옮겨졌을 가능성이 높다. 자신의 강의를 녹음해서 정밀하게 체크해보고 리허설을 할 때 의식적으로 말버릇을 없애기 위해 노력해야 한다. 평상시 대화에서도 말버릇을 의식하며 말을 해야 나쁜 습관을 빨리 없앨 수 있다. 자신의 강의를 녹음해서 꼭 들어보기 바란다.

청중의 눈을 사로잡아라

어느 대기업에 강의하러 갔을 때의 일이다. 워낙 교육생 수가 많아서 여러 명의 강사가 동시에 투입되어야 하는 상황이었기에 강사들끼리 모여 리허설을 진행한 적이 있다. 강사 A가 시범 강의를 하는데 불필요한 제스처를 반복해서 사용했다. 도가 지나쳐 눈살을 찌푸리게 할 정도였다. 손가락 세 개를 어정쩡하게 벌려서 계속 휘두르기도 하고 심지어 사람을 가리키기도 했다.

나는 당연히 그에게 그런 동작을 자제하라는 피드백을 주었다. 그런 불필요한 행동은 강사의 이미지를 떨어뜨리고 청중에게 불쾌감을 줄 수 있기 때문이다. 그런데 정작 본인은 그런 제스처를 한 적이 없다면서 오히려 나의 조언에 억울하고 불쾌한 표정을 지었다. 그래서 강의 동영상을 보여주었더니 그제야 자신의 나쁜 버릇을 깨닫는 눈치였다. 이처럼 자신은 모르는 버릇이 있을 수 있다. 그러니 미리 주변 사람에게 부탁해서 강의하는 모습을 캠코더로 찍어서 면밀히 관찰해볼 필요가 있다.

제스처를 잘 쓰면 강의의 효과를 더욱 높일 수 있다. 상황에 따라 적절하게 사용하는 제스처는 말에 힘을 실어주고 메시지를 강조해준다. 그러나 상황에 맞지 않거나 과다하게 사용한 제스처는 오히려 역효과가 나므로 꼭 필요할 때 적절하게 사용하는 훈련이 필요하다.

제스처는 양팔을 허리띠 라인보다 높은 위치에서 하는 것이 좋다. 손이 허리띠 라인보다 위에 있으면 청중에게 잘 보일 뿐만 아니라 안정감을 주고 제스처를 자유자재로 구사할 수 있기 때문이다.

슬라이드를 손으로 가리킬 때도 요령이 있다.

슬라이드를 가리킬 때는 가급적 포인터로 하는 것이 좋다. 그런데 간혹 손으로 슬라이드를 직접 가리켜야 하는 경우도 있다. 이때는 다섯 손가락을 자연스럽게 붙인 상태에서 손바닥을 펼쳐 해당 지점을 가리키면 된다. 백화점 도우미들이 안내할 때 쓰는 제스처를 연상하면 된다. 이렇게 다섯 손가락을 붙인 상태에서 손바닥을 펼쳐 사용하는 것이 습관이 되면 청중을 가리킬 때도 자연스럽게 손바닥을 펼쳐 가리키게 된다. 그러면 강사가 상당히 공손하고 전문가답게 보인다.

손바닥이 아닌 손가락으로 청중을 가리키는 강사가 있다. 한마디로 청중에게 '손가락질'을 하는 것과 다름없다. 이런 사람은 청중에게 질문할 때도 손가락질이 자연스럽게 나온다. 손가락질을 당하면 누구라도 기분이 나쁘다. 내가 아는 강사 중에 그런 고질병을 가진 사람이 있다. 특이하게도 그분은 두 손가락으로 손가락질을 한다. 한 손가락으로 하든 두 손가락으로 하든 마찬가지다. 차이가 없다. 강의 내용이 아무리 좋아도 강사의 사소한 태도가 눈에 거슬리면 강의 만족도가 확 떨어질 수 있으므로 주의해야 한다.

제스처를 섞는 것도 때와 장소가 있다.

제스처는 말보다 한두 박자 정도 빨리 구사하게 되면 자연스럽게 틈새 기법의 효과가 나면서 메시지가 더욱 강조된다. 상위 1% 명강사들은 이 점을 잘 활용한다. 예를 들어 "강사의 조건 중 가장 중요한 것은 열정입니다"라는 말을 할 때, 그냥 말하는 것보다 제스처를 구사하면 한층 세련되게 강약을 조절할 수 있다. "강사의 조건 중 가장 중요한 것은 (얼굴 높이 정도에서 주먹을 꽉 쥐어 보인 뒤, 5초가 지난 후) 열정입니다"라고 말하면 틈새 기법 효과로 '열정'이라는 핵심 키워드가 강조된다. 이처럼 제스처를 말보다 한두 박자 먼저 구사하는 것이 포인트다. 물론 제스처를 말과 동시에 구사하는 경우도 있다. "제가 말하고자 하는 것은 (손가락 하나를 펼치면서, 동시에 말한다) 첫째 어쩌고, 둘째 저쩌고……."

강사의 자리 이동도 강의 효과를 높일 수 있다.

강사는 계속 한자리에만 머물러 있기보다 적당히 자리를 이동할 필요가 있다. 예를 들어 청중 속으로 들어가서 질문을 할 경우, 강의에 변화를 주고자 할 경우, 청중의 시선이나 주의를 환기시키고자 할 경우에 적당히 자리를 이동하는 것은 세련된 강의 기법의 하나다. 졸거나 어수선한 청중이 있을 때 그쪽으로 다가가면 졸음을 깨우거나 어수선함을 멈추게 하는 효과가 있다. 자리 이동을 너무 자주 하면 불안정해 보이지만, 적당한 자리 이동은 청중의 집중력을 높여준다.

제스처는 생동감 있고 활기차게 구사해야 한다. 이 점은 모든 상황에서 공통적인 사항이다. 강의 내용에 맞춰서 때로는 부드럽고, 때로는 강렬한 몸짓으로 강의와 조화를 이룰 때 그 효과가 커진다. 예를 들면, '아주 좋다 또는 정말 잘했다'는 말을 할 때는 활짝 웃으면서 엄지손가락을 세워 보이면 훨씬 더 돋보인다. 숫자를 말할 때는 손가락을 얼굴 높이 또는 그보다 높은 위치에서 펴거나 구부리면서 말하면 의미가 더욱 선명하게 전달된다. 단호한 결심을 이야기할 때도 얼굴 높이에서 주먹을 불끈 쥐면 그 결심이 확고하게 느껴진다.

TV에서 일기예보를 하는 모습을 본 적이 있는가?

기상 캐스터가 날씨를 알려주는 모습을 보면 배울 점이 많다. 그들은 항상 미소를 띤 밝은 표정을 짓는다. 시선은 시청자에서 지도로, 지도에서 시청자로 자연스럽게 옮겨간다. 예보 지역을 가리킬 때는 다섯 손가락을 다 붙인 상태에서 손바닥을 펼쳐 가리킨다. 제스처를 하는 손은 항상 허리띠 라인 위에 있다. 이 정도면 표정과 제스처와 시선 처리의 정석이다.

대변인 말고 리포터에게 배워라

             TV 뉴스를 보면 가끔 정부나 정당의 대변인들이 어떤 정책을 내놓거나 성명을 발표하는 모습이 나온다. 그런데 극히 일부를 제외하고는 거의 대부분이 원고를 줄줄 읽는 수준이다. 준비된 원고를 연단 위에 놓고 낭독을 하는데 시선은 내리깔고 있으니 무미건조하고 딱딱할 수밖에 없다. 시청자와 교감이 될 리가 없다. 예능 프로그램의 리포터가 방송하는 장면과는 정반대다. TV 리포터는 밝은 표정으로 카메라를 응시하고 생글생글 웃으면서 말한다. 그런 모습을 보면 시청자도 덩달아 활기와 생동감이 넘친다. 리포터는 시청자와 눈을 맞추며 충분히 교감한다. 강사는 대변인이 아니라 리포터에게 배워야 한다.

미국의 심리학자 메라비언 박사가 말하는 의사 전달의 핵심 요소 중에서 가장 중요한 두 가지를 꼽으라면, 나는 개인적으로 음성과 시선 처리를 꼽고 싶다. 그만큼 시선 처리가 중요하다고 생각한다. 일반적으로 강사가 청중을 바라보는 주시율은 강사에 대한 신뢰도와 밀접한 관련이 있다. 주시율이 통상 85%가 넘으면 그 강사는 자신감이 넘쳐 보인다. 자신감이 넘쳐 보이기 때문에 그 강사가 하는 말은 상당히 신뢰감을 준다.

반대로 주시율이 통상 15% 아래로 떨어지면 그 강사는 왠지 자신감이 없어 보인다. 자신감이 없어 보이면 그 강사가 하는 말은 신뢰도가 떨어진다.

강사가 청중에게 주는 시선은 관심을 갖고 있다는 것을 표현하는 행위다. 사람은 누구나 주목받기를 원한다. 그러니 강사가 시선을 제대로 주지 않으면 청중은 분명 강의에 집중하지 않을 가능성이 높다. 나의 눈빛으로, 나의 관심으로 청중을 사로잡아야 한다.

청중을 사로잡는 시선 처리 요령은 다음과 같다.

첫째, 청중의 눈을 보며 말한다.

보통 '눈은 입보다 많은 말을 한다'고 한다. 강의 중에 청중의 눈을 보면 '아~ 저분이 지금 내 말에 긍정하고 있구나, 부정하고 있구나, 의문을 가지고 있구나, 지루해하고 있구나' 하고 알 수 있다. 청중의 눈을 보면서 그런 상황을 읽어야 한다. 그래야 상황에 맞고 융통성 있게 강의를 끌고 갈 수 있다. 필요한 경우에는 청중의 눈을 응시하며 내 말에 동의를 구할 수도 있다. 막연하게 앞만 보는 것은 큰 의미가 없다. 꼭 여러 청중의 눈을 돌아가면서 응시하기 바란다. 미소를 띤 밝은 표정과 선한 눈빛으로.

둘째, 호감 가는 사람에게 먼저 시선을 준다.

보통 실수하기 쉬운 것이 바로 이 부분이다. 시선을 골고루 주어야 한다고 하니까 맨 앞줄의 왼쪽 또는 오른쪽에 앉아 있는 청중부터 지그재그로 시선을 옮기는 경향이 있다. 그렇게 하는 것은 내 경험에 비추어보면 위험할 수도 있다.

어느 기업체의 부장급을 대상으로 강의를 한 적이 있었다. 강단에 서자마자 맨 앞줄 왼쪽에 있는 사람에게 가볍게 시선을 주었다. 그 사람도 나에게 온화한 얼굴로 바라볼 것을 기대하면서 말이다. 그런데 그 사람은 팔짱을 끼고 앉아서 인상을 쓰며 나를 올려다보고 있었다. 예상하지 못한 반응에 나는 완전히 위축되어 첫 시간 내내 그 사람 얼굴을 아예 쳐다보지 못했다. 등에서 식은땀이 났고, 그 사람이 신경 쓰여 말이 꼬이기까지 했다.

휴식 시간에 교육 담당자로부터 그 사람에 대한 이야기를 들을 수 있었다. "○○○부장님은 오늘 아침 집에서 사모님이 바가지를 읽어서 기분이 좋지 않았답니다. 엎친 데 덮친 격으로 회사 임원의 전화를 받았는데 업무를 엉망으로 처리해놓고 교육을 받으러 갔냐며 혼이 났답니다." 하필 그런 분에게 시선을 보냈으니 돌아오는 시선이 싸늘할 수밖에 없었다.

앞줄에 앉았다고 아무한테나 먼저 시선을 보내면 이런 일을 겪을 수 있다. 그러니 강의를 시작하면서 강사와 눈을 잘 맞추고 잘 웃어주는 사람에게 먼저 시선을 주고 서서히 범위를 넓혀가는 것이 바람직하다.

셋째, 한 구절씩 또는 한 문장씩 말하고 난 뒤 시선을 처리해야 한다.

한 문장이나 구절을 말하고 나서 이쪽을 바라보고, 또 한 문장이나 구절을 말하고 나서 저쪽을 바라보라. 그렇게 해야 시선이 골고루 돌아간다. 시선이 어느 한쪽에만 쏠리면 안 된다. 이때 말은 아주 짧게 단문으로 하는 것이 바람직하다. 강의를 상당히 오래 했는데도 불구하고 말을 길게 하는 사람이 의외로 많다.

문장을 길게 구사하면 많은 폐해가 나타난다. 첫째, 생각을 하며 말해야 하니까 눈동자가 하늘 위로 향하게 된다. 둘째, 생각할 시간을 벌기 위해 쓸데없는 말버릇을 남발하게 된다. 셋째, 듣는 사람은 무슨 말인지 이해하기가 어려워진다. 넷째, 시선이 한쪽으로만 갈 확률이 높다. 그래서 문장은 짧게 구사해야 한다. 문장을 길게 구사하고 있다면 하루빨리 짧고 간결하게 표현하도록 바꾸어야 한다.

다섯째, 사내 직급이 높은 분이 참석했을 때는 다른 사람들보다 시선을 조금 더 주어야 한다.

밝은 표정과 미소를 띠고 시선을 그분에게 자주 보내면 우호적인 관계를 형성할 수 있다. 그러면 강의 내내 든든한 우군이 되어준다. 그리고 청중의 반응이 좋을 경우 앵코르 강의로 이어질 가능성이 높다. 나는 사장이나 중역이 강의에 참석하면 그 기회를 절대 놓치지 않는다. 여러분도 그런 기회가 온다면 반드시 잡아야 한다.

시선 처리를 할 때 주의할 점이 있다. 청중의 머리 너머를 보는 것은 올바른 시선 처리가 아니다. 특정한 곳에 시선이 머무는 버릇이 있다면 고쳐야 한다. 시선 처리가 안 되는 원인은 습관 때문이다. 내용 숙지 미흡이나, 리허설 부족 등 기본적인 준비 부족이 원인일 가능성이 높다.

김제동의 진행 방식을 응용하라

　　　　　기업이 제품을 만들 때는 연구개발 단계에서부터 고객의 욕구를 반영한다. 고객이 주부라면 주부들이 원하는 점을 반영하고, 대학생이라면 대학생들이 원하는 점을 반영해야 시장에서 환영받을 수 있다. 기업이 원하는 형태가 아니라, 고객이 원하는 형태로 제품을 만들어야 고객의 사랑을 받는다. 고객의 니즈와 따로 노는 소위 '묻지 마 제품'은 시장에서 살아남기 어렵다.

　　강의도 마찬가지다. 강사에게 청중은 고객이요, 강의는 상품이라고 할 수 있다. 상품을 만들 때 고객의 니즈를 반영해야 하듯, 강의도 청중의 니즈를 반영할 때 성공적인 강의가 된다. 그러기 위해서는 '내 강의를 들을 청중에 대해 얼마나 잘 아느냐'가 매우 중요한 변수다. 너무나 당연한 상식임에도 불구하고 강의 현장에서는 '묻지 마 강의'가 이루어지는 것을 종종 본다. 이런 강사는 청중에 대해 아는 것도 없고 관심도 없다. 이런 강사를 만나면 청중은 마음속으로 별의별 생각을 다한다.

"우리 회사에 대해 알고 오기는 한 건가?"

"우릴 뭐로 보고 저렇게 수준 낮은 강의를 하고 있지?"

"도대체 우리 실정을 알고나 하는 소리야?"

'묻지 마 강의'는 '묻지 마 실패'로 끝난다. 처음부터 제품을 엉망으로 만들었기 때문이다. 이런 우를 범하지 않기 위해서는 강의 준비를 할 때 '출강할 회사는 어떤 회사인지, 청중은 어떤 사람인지, 회사의 니즈는 무엇인지'를 사전에 분석하는 것이 중요하다.

방송인 김제동이 사회 보는 비법을 응용하면 청중으로부터 환영받는 강의를 할 수 있다. 김제동은 'MT 갔을 때 각과 유형별로 사회 보는 법'을 TV 프로그램에서 소개했는데, 가장 좋은 방법은 '그 단체에 대해 미리 공부하고 왔다는 걸 알려주는 것'이라고 했다. 그래야 청중과 공감대를 형성할 수 있다고 한다.

예를 들어 그가 법대 MT 가서 사회를 볼 때, 무대 아래에 있는 청중 한 명을 올라오라고 하면 잘 응하지 않는다. 그래서 이런 식으로 말한다. "알죠? 형법 제○○조 제○항. '단체 이익에 반하거나

단체 유머에 반할 경우 6개월 이하의 금고나 실형에 처할 수 있다.'
올라오세요. 좋은 말 할 때. 왜 이러세요? 판검사 되실 분들이." 이런 식으로 그들만의 용어 몇 개를 사용하면 폭발적인 웃음을 유발하면서 망설이던 청중도 쉽게 무대에 올라온다.

의대 MT에 가서도 마찬가지다. "얼굴에 홍조를 띠고 있네요. 흥분하셨나 봐요?" 이렇게 말하는 것보다 "BP(Blood Pressure, 혈압)가 좀 올랐네요?"라고 하면서, 의대생들에게 익숙한 용어를 사용한다. 김제동은 이렇게 얘기를 마무리한다.

"그런 단어 몇 개만 알고 가면, 저 사회자가 우리 과에 대해서 애착을 가지고 왔다는 생각이 들어 집중하게 됩니다. 그것이 사회자에게 가장 중요한 첫 번째 요건입니다. 즉 어떤 무대에 서든 그 단체에 모인 사람들을 사랑하고 그 단체에 모인 사람들에게 관심을 표시한다면 모두가 훌륭한 사회자가 될 것입니다."

우리 강사들이 청중으로부터 환영받는 상품, 훌륭한 상품을 만들려면 김제동이 사회 보는 그 비법을 응용할 필요가 있다. 그래야 다음 강의를 해달라는 섭외가 들어온다. 그래야 다른 곳에 추천도 해준다. 그래야 몸값을 두 배 이상 올릴 수 있다.

청중에 대한 철저한 분석이 최상의 상품을 만들어낸다. 청중 분석이란 청중은 어떤 사람들인지, 청중이 알고자 하는 것은 무엇인지 등을 미리 알아내는 것이다. 즉 인원수, 연령 분포, 직급, 성별,

지식 수준, 소속 부서나 맡은 업무, 심리 상태, 청중의 니즈, 회사의 니즈 등의 정보를 사전에 파악하고 그것을 강의에 반영해야 한다. 특히 교육 담당자를 통해 회사의 니즈를 반드시 파악해야 한다.

교육 담당자가 강의를 의뢰할 때 교육을 하게 된 배경이나 취지, 요구 사항 등을 일일이 알려주는 곳도 있지만, 그렇지 않은 경우도 상당히 많다. 내 경험에 비추어보면 상당히 많은 기업이나 기관이 강의를 요청하면서 주제만 알려준다. 이때 다른 데서 통했던 강의라고 해서 또다시 써먹었다가는 큰 낭패를 본다. 강의가 끝나고 나서 '우리가 원했던 건 이게 아니었다'라고 하면 할 말이 없다. 따라서 교육의 배경이나 취지, 요구 사항 등을 미리 파악해서 강의에 반영하는 것이 회사와 교육 담당자 그리고 청중의 만족도를 높이는 지름길이다.

지피지기백전불태(知彼知己百戰不殆)라고 했다. 성인 학습자의 공통된 특징 몇 가지만 제대로 알아도 절반 이상의 성공을 거둘 수 있다.

첫째, 성인 학습자는 대개 자신의 개인적인 경험을 대단히 중시한다.

성인들은 이제껏 살아오면서 많은 경험을 통해 자신만의 지식, 관점, 가치관을 정립하고 있다. 그러므로 강사의 말이 자신의 경험과 다르다고 생각하면 잘 받아들이지 않는다. 성인 학습자의 경험을 무시하는 교육은 오히려 역효과를 가져올 수 있다. 이 점을 염두에 두어 그들의 경험을 학습 내용에 적절히 연결시켜서 스스로 다시 생각해볼 수 있도록 도와주는 것이 중요하다.

둘째, 업무에 즉시 활용할 수 있는 학습을 선호한다.

강의가 아무리 좋은 내용이라도 너무 이론적이고 현실성이 떨어진다면 청중의 관심은 푹 꺼져버린다. 눈은 강사를 보고 있을지 몰라도 속으로는 딴 생각을 하고 있을 가능성이 높다. 때로는 노골적으로 반감을 표시하는 사람도 있다.

"말도 안 되는 소리 하고 있네. 말로는 뭐든 못하겠어."

"흥, 당신이 한번 해보지그래? 그게 그렇게 쉬운지."

이럴 경우에 대비해서 실제 적용되었던 다양한 비즈니스 사례를 소개하고 실무에서 필요한 내용을 강의에 적극적으로 반영해야 교육 효과를 높일 수 있다.

청중의 호기심을 유발하라

　　신문을 펼치면 머리기사(헤드라인)가
가장 먼저 눈에 들어온다. 머리기사는 짧은 시간에 독자의 관심이
나 호기심을 자극하는 특징이 있다. 수많은 기사 중에서 핵심이 되
는 메시지를 머리기사로 내세움으로써 독자들이 '읽고 싶은 충동'
을 불러일으킨다. 사람들은 보통 머리기사를 보고 신문을 살지 말
지, 읽을지 말지를 판단한다. 몇 개의 신문 머리기사를 살펴보자.

　부하를 죽이는 말, 살리는 말(언어 표현의 중요성)
　면접 보는 당신, 정답은 없지만 오답은 있다(면접 시 주의 사항)

화이트칼라 감원태풍(금융권의 구조조정)

회사가 당신에게 알려주지 않는 50가지 비밀(직장인의 자세)

보통 머리기사가 괄호 안의 문구처럼 작성된 경우는 거의 없다. 만약 머리기사가 '언어 표현의 중요성'이라고 되어 있다면 독자의 눈길을 끌기 어렵다. 이런 식의 헤드라인은 핵심 메시지가 무엇인지를 파악하기 어려울 뿐만 아니라, 독자의 관심을 유도할 수 없기 때문이다. 그러나 '부하를 죽이는 말, 살리는 말'이라고 하면 언어 표현의 중요성이라는 표현보다 훨씬 구체적이면서도 핵심 메시지가 명쾌하게 와닿기 때문에 독자가 읽고 싶은 충동을 느낀다.

강의 제목도 신문의 머리기사를 벤치마킹해야 한다. 너무나 당연한 이야기를 뭐 그리 길게 하냐고 항변하는 독자가 있을지 모르겠다. 하지만 실제로 우리가 만드는 강의 제목은 괄호 안의 문구처럼 딱딱하게 작성하는 경우가 상당히 많다. 이런 강의 제목은 시작부터 청중의 관심도를 떨어뜨린다.

인간관계, 커뮤니케이션, 리더십, 제품의 특징 같은 강의 제목은 전혀 청중의 관심을 불러일으킬 수 없다. '리더십'이라는 제목보다는 '성과를 창출하는 리더의 DNA'라는 제목이 훨씬 호기심을 불러일으킨다. 그래서 상당한 시간을 투자해서라도 좋은 제목을 만들어야 한다. 보기 좋은 떡이 먹기도 좋다. 강의 제목을 잘 만들어야 업체나 기관에 제안서를 보내도 채택될 공산이 크다. 입장을 바꿔 내가 교육 담당자라면 제목을 대충 만드는 강사와 개성이 있고 트렌드에 걸맞은 제목을 내놓는 강사 중에 누구를 섭외하겠는가? 내가 만든 강의 제목 몇 개를 소개하니 참고하기 바란다.

필이 꽂히게 전달하라(강의 기법)

나를 명품으로 만들어라(셀프 리더십)

기적의 팀워크로 조직 활성화하기(조직 활성화)

당신의 리더십이 명품 회사를 만든다(리더십)

청중의 Yes를 이끌어내라(프레젠테이션)

신념이 기적을 낳는다(동기부여)

마음을 움직이는 상생의 커뮤니케이션(소통)

나는 강의 제목 하나를 만들 때도 심혈을 기울인다. 괜찮은 제목이 나올 때까지 몰입하고 또 몰입한다. 전철 안에서도 버스 안에서도 화장실에서도 계속 몰입하다 보면 문득 떠오르는 아이디어가 있다. 그 아이디어 중에 핵심 메시지를 잘 표현하면서 흥미를 끄는 제목을 고른다. 위의 강의 제목들은 다 그렇게 탄생했다.

강의 제목은 말 그대로 상품명이다. 기업에서는 상품명을 어떻게 짓느냐에 따라 매출이 달라진다. 책도 제목을 어떻게 지었느냐에 따라 판매 부수가 달라지고, 영화도 제목에 따라 관객 수가 달라진다고 한다. 그러므로 강의 제목을 만들 때는 심혈에 심혈을 기울이는 노력이 필요하다.

그렇다면 강의 제목은 어떻게 만들어야 할까?

첫째, 강의 제목은 핵심 메시지를 잘 녹여서 표현하는 것이 좋다. 전하고자 하는 메시지를 함축적으로 알기 쉽게 표현해야 한다. 신문기사를 볼 때 독자가 머리기사를 보고 그 기사를 읽을지 말지 결정하듯이, 강의를 들으려는 사람이 강의 주제를 바로 알 수 있어야 한다.

둘째, 간단명료하게 작성한다. 제목이 길면 메시지가 한눈에 들어오지 않는다. 같은 의미라면 짧을수록 좋다. 신문의 머리기사나 베스트셀러 책의 제목은 모두 한 줄로 되어 있다. 한 줄로 된 제목이 좋다.

셋째, 문어체가 아닌 구어체 또는 대화체로 표현하는 것이 좋다. 구어체 또는 대화체로 제목을 만들면 쉽고 빠르게 전달되고 오랫동안 독자의 기억에 남는다.

넷째, 독창적이고 참신한 느낌을 주어야 한다. 낡은 강의 제목으로는 청중의 호기심을 자극할 수 없다. 단순하게 '면접 기법'이라고 표현하는 것보다는 '취업에 성공하는 면접의 비밀'이라고 하면 청중의 호기심을 더욱 자극할 수 있다. 청중에게 신선한 느낌을 주어야 한다.

이렇게 강의 제목을 만드는 방법은 강의 목차를 만들 때도 그대로 응용할 수 있다. 목차는 여러 개의 소제목으로 구성되는데, 강의 제목 하나만 신선하게 만들었다고 안심하기에는 이르다. 강의 목차, 즉 소제목을 만들 때도 간단명료하면서도 관심을 끌 수 있도록 해야 한다.

　강의 제목과 강의 목차(소제목) 모두가 신선하게 만들어지면 청중의 관심과 호기심을 자극하는 것은 물론, 업체나 기관에 제안서를 보냈을 때도 유리한 고지를 점할 수 있다. 교육 담당자는 강의 제목과 목차를 보고 강사 섭외 여부를 결정하는 경우가 많다.

숫자 3의 힘을 활용하라

'3'은 우리에게 참으로 친숙한 숫자다. 삼세판, 삼세번, 삼짇날, 삼각산, 삼신할머니 등 한국인은 유독 숫자 '3'을 좋아한다. 강의에서도 '3'이라는 숫자를 활용해서 메시지를 던지면 청중이 이해하기도 쉽고 기억하기도 쉽다. 실제로 우리 주변에는 세 개로 구성된 조합이 의외로 많다.

예를 들어 미스코리아 입상자는 진, 선, 미다. 올림픽 메달도 금, 은, 동이다. 이밖에도 '아침, 점심, 저녁', '믿음, 소망, 사랑', '철수, 영희, 바둑이', '닦고, 조이고, 칠하자', '가위, 바위, 보', '육군, 해군, 공군', '입법, 행정, 사법', '머리, 가슴, 배', '과거, 현재, 미래'

등등 모두가 세 개의 조합이다.

유명 인사가 한 말도 세 가지로 구성된 것은 우리 기억 속에서 쉽게 지워지지 않는다. 링컨의 유명한 게티스버그 연설도 "국민의, 국민에 의한, 국민을 위한" 세 가지 메시지다. 로마 제국의 카이사르가 전쟁에서 이기고 돌아와서 처음 외친 말은 수천 년이 지났지만 아직도 우리는 그 말을 기억하고 있다. "왔노라, 보았노라, 이겼노라."

그래서 3을 마법의 숫자라고 부른다. 청중에게 강의할 때나 상사에게 보고할 때 '도입, 본론, 종결'로 나누어 제시하면 설득하기 쉽다. 여러 가지를 동시에 전달해야 한다면 세 개의 메시지로 나누고 압축해서 전달하면 좋다. 그렇게 하면 전달력, 이해력, 기억력 면에서 탁월한 효과가 있다. 세 가지로 전달하면 논리적으로 빈틈이 없어 보이지만, 두 가지로 전달하면 왠지 모르게 빈약해 보인다. 그렇다고 일고여덟 가지로 전달하면 너무 복잡해서 기억하기 어렵다. 따라서 여러 가지를 동시에 전달해야 한다면 세 가지로 압축하는 것이 바람직하다.

어느 세미나에 갔을 때다. 여러 명의 강사가 강의할 예정이었는데, 한 강사에게 강의 시간이 20분씩 주어졌다. 주최 측에서는 강사들에게 시간 엄수를 당부했다. 그런데 어느 강사가 강의를 시작하면서 목차를 보여주는데 자그마치 일곱 개나 되었다. 옆 자리에 앉은 동료 강사가 그 목차를 보면서 한마디 했다.

"강의 시간이 20분밖에 안 되는데 뭐가 저렇게 많아? 저렇게 많은 내용을 장황하게 떠들어대면 보나 마나 지루하겠군."

다른 강사도 한마디 거들었다.

"뭐가 저렇게 복잡하지? 도대체 핵심이 뭔지를 모르겠네."

결국 우리의 예측이 맞아떨어졌다. 그 짧은 시간에 무려 일곱 개의 주제를 다룬다는 것은 애초부터 불가능했다. 그 강사는 일곱 가지를 이야기했지만 우리 머릿속에는 아무것도 남아 있지 않았다. 강의는 소음에 불과했고 강의 내내 짜증을 유발했다. 지나치게 욕심을 부린 결과다. 그 세미나는 결국 정해진 시간을 한참 초과해서 끝났다.

이처럼 모든 것을 다 전하려고 하다가는 핵심을 놓쳐버린다. 너무 많은 내용을 전달하려고 하면 안 된다. 세 가지 이상은 시간 낭비다. 명강사가 되려면 세 가지로 모으고 정리하는 습관을 가져야 한다.

'3의 법칙'에 대해서는 세계적인 석학들도 한목소리를 내고 있다. 인지과학 분야의 권위자인 아서 아크만 텍사스 주립대 교수는 "사람들은 세 가지를 넘으면 기억하지 못한다. '3의 법칙'을 기억하라. 어떤 주제나 사안에 대해 말할 때는 핵심 세 가지만 이야기하라"고 조언했다. 또한 《좋은 기업을 넘어 위대한 기업으로》의 저자이자 경영학의 대가인 짐 콜린스도 "중요한 것이 세 가지 이상이라는 것은 중요한 것이 없다는 이야기와 같다"라고 썼다.

전하고자 하는 메시지가 아무리 많다고 하더라도 세 개의 메시지로 압축해서 전달해야 한다. 하지만 아무리 줄이려고 해도 세 개를 초과하는 경우가 생길 수 있다. 그럴 때는 다섯 개를 넘지 않아야 한다. 그 이상은 과감하게 버리는 용기가 필요하다.

그러나 빔 프로젝트도 없고, 화이트보드도 없고, 유인물도 없는 경우에는 상황이 달라진다. 보조 기자재 없이 말로만 강의를 할 경우에는 다섯 개도 안 된다. 최대 세 가지를 넘지 않아야 한다.

전하고자 하는 메시지가 두 개만 있을 경우에는 어떻게 해야 할까? 이런 경우 역시 가급적 세 개로 만들어야 한다. 둘 중 하나를 쪼개거나 아니면 하나를 더 늘려서 세 개의 메시지로 구성하는 것이 좋다. 두 개는 왠지 논리적으로 빈약하고 성의가 없어 보이기 때문이다.

3의 법칙은 곳곳에서 응용할 수 있다. 상사에게 구두 보고를 할 경우 이번 기획안의 장점을 세 가지로 설명하면 된다. 고객에게 제품을 설명할 경우에도 제품의 좋은 점 세 가지를 꼽으면 된다. 안전상 유의할 점을 말할 때도 마찬가지다. 당연히 강의에서는 무궁무진하게 응용할 수 있다. 팀워크의 장점 세 가지, 커뮤니케이션 요령 세 가지, 리더의 핵심 역량 세 가지 등등.

강의를 구성할 때도 마법의 숫자 '3'의 힘을 응용하면 좋다. 대다수의 강사들이 그러하듯 강의는 도입부, 본론부, 종결부의 세 가지로 나누어 구성하는 것이 가장 무난하다. 이때 본론부는 세 개의 핵심 메시지, 3부로 구성하면 좋다. 부득이하게 전할 말이 많다면, 시간이 허락하는 범위 안에서 다섯 개 이내로 한다. 논리적으로 탄탄해지려면 본론부는 도입부에서 제시한 주장에 대해 3부로 나누어 근거나 예시를 활용해서 입증하면 된다.

5분 안에 분위기를 장악하라

"당신도 암 보험 하나 들어놔야 되는
거 아냐?"

침대에 누워 있던 남편이 아무 생각 없이 대답한다.

"매달 마이너스인데 무슨 돈으로 들어? 그리고 설마 내가 암에
걸리겠어?"

그러고는 화면이 바뀌면서 강력한 효과음과 함께 아나운서가 경
고성 멘트를 던진다.

"대한민국 남성 다섯 명 중 두 명은 암! 그런데도 암환자 열 명
중 여섯 명은 암 보험이 없습니다!"

나도 이 광고 속의 남편과 똑같은 생각을 했다. '맞아, 내가 설마 암에 걸릴까' 하고 공감하는 순간 그 뒤에 나오는 멘트가 나에게 어퍼컷 한 방을 날렸다. 큰 충격이었다. 그 말을 듣고 나니 '암 보험을 꼭 들어야겠구나' 하는 생각이 들었다. 이 광고를 본 후 암 보험에 대한 관심이 높아졌다. 아마 시청자 중 상당수가 나와 비슷한 생각을 했을 것이다.

이 광고는 불과 10초 사이에 내 눈길을 끌었다. 내 마음을 흔들었다. 내가 광고를 끝까지 보게 만들었다. '강력하고도 인상적인 한 마디'에 나는 온전히 빨려들었다. 이 광고가 한 방에 눈길을 끈 비법을 강의에 활용해보자.

시청자가 광고를 무심코 흘려보듯이, 청중은 내 이야기에 크게 관심이 없다. 광고처럼 강의도 '청중의 관심'을 불러일으키려면 강력하고도 인상적인 첫 마디가 중요하다. 그래야 내 강의에 귀를 기울인다. 강의 시작하고 5분이 지났는데도 청중의 주의를 끌지 못하면 청중의 마음은 떠나간다. 버스 지나가고 손 흔들어봐야 소용없다. 싸움을 할 때는 선제공격이 중요하다. 기선제압이 중요하다. 그래야 싸움에서 이길 확률이 높다. 강사는 처음 5분 이내에 청중의 주의나 관심을 집중시킬 수 있는 자신만의 도구를 개발해야 한다.

어느 대기업에서 〈사내강사 양성과정〉을 진행하며 강의 코칭을 할 때의 일이다. 한 사내강사의 시범 강의 제목이 '채권 관리 실무'

였다. 그는 초반부에 청중의 관심을 끌 만한 어떤 장치도 없이 바로 강의를 시작했다. 그는 채권 관리의 정의와 중요성 등을 이론적으로 나열했다. 강의장에는 어떤 일이 벌어졌을까? 5분이 지나지 않아 청중의 몰입도가 확 떨어지는 게 눈에 보였다. 강의에 집중하는 사람은 거의 없었고 휴대전화를 만지작거리는 등 딴짓을 하는 사람이 대부분이었다. 강의가 끝났을 때 강의 내용을 제대로 기억하는 사람은 거의 없었다.

그 강의가 실패로 돌아간 가장 큰 이유는 초반 분위기 장악에 실패했기 때문이다. 아무리 좋은 내용을 준비했어도 청중이 들어주지 않으면 끝이다. 특히 채권 관리는 그 분야 종사자가 아니면 난해한 용어가 많아서 알아듣기 어렵다. 그러다 보니 청중은 처음부터 관심을 갖기 힘들었다. 어쩌면 '강의장에 있으니 할 수 없이 듣기는 들어야겠구나' 하고 생각했을 것이다. 강사는 바로 이 점을 놓쳤다. '내가 강의만 하면 다 들어주겠지' 하는 것은 착각일 뿐이다.

나는 즉시 강의 코칭을 했다. 내용 전달에 대한 부분도 코칭이 필요했지만, 특히 초반 분위기 장악에 많은 시간을 할애했다. 그는 스펀지처럼 내 이야기를 흡수했다. 일주일 후 같은 주제로 같은 청중 앞에서 다시 시범 강의를 했다. 그는 지난 강의와 확 달라진 모습을 보였다. 강의를 시작하면서 질문 하나를 불쑥 던졌다.

"여러분, 우리 회사의 미수금이 얼마나 되는지 아세요?"

직원들은 한 번도 생각해본 적이 없었지만, '얼마나 될까' 하며 궁금해했다. 곧 여기저기서 손을 들고 대답하는 적극성을 보였다. 한 직원이 정답을 말하자 그는 강의를 이어갔다.

"그 미수금을 딱 5%만 줄이면 전 직원에게 줄 수 있는 보너스 재원 200%가 생깁니다."

보너스를 더 줄 수 있다는 말에 갑자기 직원들의 주의와 관심이 쏠리기 시작했다. 이때를 놓치지 않고 그는 강의의 핵심 메시지를 강력하게 전달했다.

"물건을 잘 파는 것도 중요합니다. 하지만 대금 관리 역시 중요합니다. 대금을 못 받으면 회사가 문을 닫을 수도 있고, 대금을 잘 받으면 직원들에게 보너스를 줄 수도 있습니다. 오늘 이 채권 관리, 제대로 배워서 우리 회사 미수금을 절반으로 줄여봅시다."

상상 이상으로 분위기를 장악하는 강의에 청중의 박수와 환호성이 터졌다.

그는 질문을 던짐으로써 청중의 관심과 참여를 이끌어냈다. 이처럼 초반 분위기를 장악하는 효과적인 방법의 하나가 질문이다. 질문이나 퀴즈를 던져 사람들의 주의와 관심을 불러일으키면서 참여를 끌어내는 간단한 방법이다. 질문을 통해 청중의 생각을 유도할 수 있을 뿐만 아니라, 강의에 몰입하게 할 수 있다. 그럴 경우 학습 효과는 매우 높다. 이처럼 처음 5분 이내에 청중의 주의나 관심을 집중시킬 수 있는 자신만의 도구를 개발하여 강의 초반에 강력한 임팩트를 주어야 성공적으로 강의를 마칠 수 있다.

또 하나 언급하고 싶은 것이 있다. 그 강사는 질문에 이어 메시지를 전달하는 과정에서 청중의 이익과 혜택에 대해 언급했다. 대금을 잘 받으면 보너스 재원이 200%가 생긴다는 이야기를 함으로써 청중의 관심을 모았다. 채권 관리가 직원들의 이익에 직결된다는 암시를 준 것이다. 청중에게 '나와 연관된 이야기'라고 느끼도록 함으로써 반응을 얻은 것이다. 이처럼 청중의 이익이나 혜택을 어떻게 강의와 연계할지 치밀한 전략을 짜야 한다. 이것이 바로 초반 분위기 장악의 핵심이다. 그는 초반에 분위기를 장악하기 위한 전략으로 세 가지 기법을 동시에 구사했다.

첫째, 질문을 통해 청중의 호기심과 주의를 집중시키면서 참여를 유도했다.

둘째, 청중의 연관성과 이익을 부각시킴으로써 청중의 몰입을 유도했다.

셋째, 초반 5분 안에 청중의 몰입을 이끌어냈다.

객석에 호의적인 청중들로만 가득 찬 경우는 거의 없다. 오히려 도살장에 끌려가듯 마지못해 참석한 청중이 대부분이라는 사실을 늘 염두에 두어야 한다. 청중이 강사의 말에 귀를 기울일지 말지를 결정하기까지는 그리 오랜 시간이 걸리지 않는다. 초반부터 지루하게 시작하는 강사의 말을 끝까지 들어줄 인내심 많은 청중은 거의 없다. 불행하게도 많은 강사들이 버스가 지나가고 나서 손을 흔든다. 강의 도중에 '아차!' 했을 때는 이미 늦다. 초반 분위기 장악!

이것이 바로 냉소적인 청중의 팔짱을 풀게 만드는 비결이다.

　초반 분위기 장악은 강의의 성패를 좌우하는 중요한 요인이다. 강의 준비를 할 때 결코 가볍게 다룰 일이 아니다. 나름대로 치밀한 전략을 짜서 재미있게, 청중이 주목하게, 인상적으로 시작해야 한다. 소문난 명강사치고 도입부를 대충 시작하는 경우는 거의 없다.

　주의를 집중시키면서 초반에 분위기를 장악하는 또 하나의 방법은 아이스 브레이킹이다. 아이스 브레이킹이란 서먹함이나 어색함을 해소하고 친밀감을 도모하기 위해 실시하는 기법을 말한다. 강사와 청중 사이에는 보이지 않는 벽이 있다. 어색함, 낯섬 또는 서먹함이라는 벽이다. 강사는 그 벽을 가장 빠른 시간 안에 무너뜨려야 한다. 청중이 일단 호의적인 감정을 갖게 되면 그때부터 강의는 술술 풀린다. 단 한 시간 강의를 하더라도 청중의 마음을 편하게 만들기 위해 아이스 브레이킹을 전략적으로 준비하는 자세가 필요하다.

　이때 유용한 방법은 매우 다양하다. 칭찬을 해줌으로써 청중을 내 편으로 만드는 방법, 재치 있는 유머로 청중의 얼굴에 미소를 짓게 하는 방법, 간단한 스팟이나 체조를 통해 머리를 식히고 몸을 푸는 방법, 강사에 대한 관심을 끌게 하는 자기소개, 자신만의 비장의 무기 등등 매우 다양한 방법이 있다. 청중의 주의를 집중시키거나 호의적인 감정을 유발할 수 있는 나만의 비책을 개발해야 한다.

불량 강사, 초보 강사, 명강사

어느 회사에 강의하러 갔을 때의 일이다. 일찌감치 도착해서 기다리고 있는데 앞 시간의 강사가 무슨 할 말이 그리 많은지 시간이 지나도 강의를 끝내지 않고 있었다. 청중은 제시간에 끝내지 않는 강사에 대한 불만으로 이미 마음이 콩밭에 간 듯 보였다. 이에 아랑곳하지 않고 할 말을 끝까지 하는 그 강사의 모습을 보며 내 속은 타들어갔다. 내가 강의할 시간이 10분 정도 지나서야 그 강의는 끝났다. 청중에게 휴식 시간 10분을 주고 나니 내가 강의할 시간 20분이 훌쩍 달아나버렸다. 이처럼 정해진 시간을 초과하면 청중의 집중력이 떨어지고 다음 강사의 강의 시간을 갉아먹는 등 민폐를 끼치게 된다.

또 다른 사례가 있다. 어느 세미나에 참석한 적이 있다. 다양한 주제를 다루다 보니 한 주제당 주어진 시간은 20분이었다. 앞 주제의 강의가 끝나면 휴식 시간 없이 연이어 강의를 해야 했기에, 사회자는 시간 엄수를 몇 번이나 당부했다. 어느 강사가 '이 주제는 최소 두 시간은 해야 하는 강의'라면서 강의를 시작했는데, 주어진 시간 20분을 한참 초과하여 무려 40분 만에 끝났다. 시간이 없으니 한마디만 더하겠다는 말을 수차례 반복하면서 무려 두 배의 시간을 썼다. 이처럼 시간 개념이 없는 강사 때문에 뒤의 강사들도 아무런 죄의식이나 미안한 마음 없이 30분 가까이 강의를 했고, 결국 그 세미나는 예정된 시간보다 한 시간 반이나 늦게 끝났다.

나는 강의를 듣는 내내 내용이 귀에 들어오지 않았다. 남의 시간이 아까운 줄 모르는 강사, 약속을 지키지 않는 강사들이 너무 미웠다. 시간을 초과하는 강사들은 공통적으로 이렇게 말한다. 한 시간이 주어지면 한 시간 만에 무슨 강의를 하느냐면서 한 시간 30분은 되어야 한다고. 30분을 주면 한 시간은 되어야 한다고 말한다. 어느 정도 이해는 하지만 그렇다고 그것이 시간을 초과해도 되는 면죄부는 아니다. 나는 주어진 시간에 도저히 소화하지 못할 강의라면 애당초 맡지 말아야 한다고 생각한다. 일단 그 강의를 맡고 나면 시간이 부족하다는 등 딴소리를 해서는 안 된다. 무슨 일이 있어도 시간을 엄수해야 한다.

그 어디를 가서 강의해도 드러나는 공통점이 있다. 신입 사원에서부터 사장님까지 나타나는 공통적인 현상인데 예정된 강의 시간보다 늦게 끝내면 인상이 일그러지고, 일찍 끝내면 좋아한다. 전국 어디를 가도 마찬가지다. 그래서 우스갯소리로 나온 말이 있다. 강사에는 세 종류가 있는데 시간을 초과하면 '불량 강사', 제시간에 딱 끝내면 '초보 강사', 조금 일찍 끝내면 '명강사'다. 그 정도로 강의할 때 시간 관리는 매우 중요한 요소다. 가급적 제시간보다 몇 분 일찍 끝내는 것을 습관화하기 바란다. 강사에게 시간 관리는 생명과도 같다.

강사가 시간을 초과해서 강의하면 청중의 반응은 어떨까? "와~ 저 강사는 시간을 넘겨가면서까지 열정적으로 강의를 해주니 정말 고맙구나." 이렇게 생각하는 청중은 어디에도 없다. 강사의 열정에 탄복하는 것이 아니라, 약속을 지키지 않는 강사의 뻔뻔함에 짜증을 낸다. 시간을 초과하기 시작하면 마음은 슬슬 다른 곳에 가버려서 그 시간에 아무리 귀중한 이야기를 해도 청중의 귀에 들어가지 않는다. 집중력이 현저히 흐트러진다.

그러면 어떻게 해야 시간을 잘 지킬 수 있을까? 예를 들어 한강에 다리를 건설한다고 치자. 제일 먼저 만드는 것이 무엇일까? 교각을 먼저 만들까, 아니면 상판을 먼저 만들까? 당연히 교각을 먼저 건설하고 나서 상판을 만든다. 강의도 이와 비슷하다. 강의에서 교각에 해당하는 부분이 도입부와 종결부요, 상판에 해당하는 부분이 본론부다. 도입부와 종결부에 먼저 시간을 배당하고 나머지 시간을 본론부에 투입해야 한다.

실제 강의에서 어떻게 구현하는지 구체적인 예를 들어보겠다. 10분 특강을 한다고 가정했을 때의 시간 배분 요령이다. 한강에 다리를 건설하듯이 제일 먼저 교각에 해당하는 도입부와 종결부에 각 1분씩 배당을 한다. 나머지 8분을 상판에 해당하는 본론부에 배당한다. 본론부는 세 개의 메시지로 이루어져 있으니 메시지 하나당 2분 40초씩 배당한다. 그러면 하나의 메시지당 슬라이드 한 장이면 된다는 계산이 나온다. 이것을 응용하면 50분 강의도 쉽게 판을 짤 수 있다. 도입부와 종결부에 각 5분, 본론부는 40분이다. 세 개의 메시지에 대해 각각 13분 20초라는 계산이 나온다. 그러면 하나의 메시지당 슬라이드가 4~5장이니, 전체 슬라이드는 20장 이내로 가능하다는 결론이 나온다. 시간 배분이 끝나고 나면, 메시지 하나에 대해서 어떻게 해야 4~5장으로 만들까를 고민하면 된다. 이런 식으로 하면 시간을 넘길 일도 없고, 시간이 남아돌 일도 없다.

그런데 소문난 명강사는 이보다 약간 일찍 끝낼 수 있도록 강의를 설계한다. 즉 50분 강의라면 45분 정도에 강의를 끝내는 것을 목표로 설계한다. 청중은 기대보다 몇 분 일찍 끝내주면 좋아하기 때문이다. 바로 이것이 상위 1% 명강사들의 시간 관리 요령이다. 대개의 강사들은 이와 반대로 하기 때문에 늘 시간이 부족하다. 본론부에서 강의할 내용을 왕창 만들어놓고 나서 이것을 시간에 억지로 맞추려 하니 늘 시간이 부족하다고 하소연한다. 이렇게 하면 시간 관리에 실패할 수밖에 없다. 시간은 강의 교안을 설계할 때 가장 먼저 고려해야 하는 부분 중 하나다.

소문난 명강사는 한강에 다리를 건설하는 방식을 응용한다. 가장 먼저 강의 시간 배분을 하고 나서 슬라이드를 만든다. 게다가 리허설까지 하기 때문에 시간 관리가 정확하다. 강의에서 시간 관리는 생명과도 같다. 시간 관리에 실패하면 아무리 청중에게 유익한 이야기를 해도 그 유익함이 반감이 된다. 심지어 청중은 짜증을 내기도 한다. 강의 준비를 할 때 먼저 시간 계획부터 짜기 바란다. 가급적 제시간보다 몇 분 정도 일찍 끝내는 것을 습관화하기 바란다.

인상적인 마무리,
인상적인 강의, 인상적인 강사

한동안 〈나는 가수다〉라는 TV 프로그 램이 화제가 되었다. 가수들이 경연을 해서 우승자를 뽑는 프로그 램이었는데 누가 우승을 할지, 누가 탈락할지가 시청자의 관심사 였다. 인기 있는 유명한 가수들이 혼신의 힘을 다해 노래를 부르기 때문에 누가 더 잘했는지를 뽑기란 전문가들도 쉽지 않은 일이었 다. 그런데 그 평가를 비전문가인 청중이 했기 때문에 우승을 점치 기가 더 어려웠다.

방영 횟수가 거듭될수록 비전문가도 안목이 생기기 시작했다. 누가 상위권이겠구나 또는 누가 우승하겠구나 하는 예측이 가능했다. 상위권에 들려면 여러 가지 요인이 있지만, 그중에 노래 부르는 순서도 중요하게 작용하는 것을 알 수 있었다. 노래 실력이 서로 엇비슷하다면 앞이나 중간에 부르는 것보다 맨 뒤에 부르는 가수가 훨씬 유리하다는 것을 느꼈다. 왜냐하면 앞에서 노래한 가수로부터 받은 감동은 청중의 머릿속에서 점점 희미해지는 반면, 나중에 노래한 가수로부터 받은 감동은 잔상이 남은 상태에서 투표하기 때문이다. 이것을 '최근 효과' 또는 '최신 효과'라고 한다.

강의에서도 최근 효과를 적극적으로 활용할 필요가 있다. 소문난 명강사는 이 점을 잘 알기 때문에 강의 말미에 임팩트를 주어 청중의 뇌리에 강한 인상을 남긴다. '인상적인 마무리'를 하면 '인상적인 강의', '인상적인 강사'로 남을 수 있다. 소문난 명강사는 마무리를 대충 하는 법이 없다. 그러면 종결부는 어떻게 마무리하는 것이 좋을까?

청중은 강의가 끝나고 나면 앞에서 한 말은 대개 잊어버린다. 남아 있더라도 희미하다. 따라서 강의 종결부에는 본론 내용을 다시한 번 요약하고 정리해주는 것이 좋다. 그냥 말로만 요약해주는 것보다 슬라이드 한 장에 일목요연하게 중요한 핵심 메시지나 키워드를 정리해주면 좋다. 가능하다면 청중 전체가 강사의 선창에 따라 복창하게 하는 것도 좋은 방법이다. 이때 주의할 점은 강의 시간이 아무리 짧다고 하더라도 요약 정리의 절차를 생략해서는 안 된다는 것이다. 강의 시간이 짧아서 요약할 시간이 없다고 하는 것은 평계에 지나지 않는다. 소문난 명강사는 요약 정리 시간까지 미리 고려한다는 점을 명심해야 한다.

나는 강의 코칭을 하면서 수많은 강사들의 강의를 접하는데 늘 안타깝게 생각하는 점이 있다. 다소 극단적으로 표현하자면 '하나 마나' 한 강의를 하는 경우를 종종 본다. 상당수의 강사가 전반부의 강의는 잘 해놓고 마무리를 밋밋하게 해서 강의의 효과를 반감시 킨다. 보통 도입부와 본론부에는 상당한 정성을 들이면서 정작 중 요한 종결부에는 신경 쓰지 않는 경향이 있다. 안타까운 일이 아닐 수 없다. 제대로 된 클로징이 없다면 감동적인 강의가 될 수 없음을 명심해야 한다.

상위 1% 명강사는 '인상적인 마무리'에 심혈을 기울인다. 마지 막에 강한 임팩트를 주어 청중의 뇌리에 깊은 인상을 남긴다. 가슴 찡한 감동과 여운을 남긴다.

인상적인 마무리를 하는 요령 몇 가지를 소개한다.

첫째, 명언이나 명시, 명사의 말을 인용하면 두 배의 효과를 거 둘 수 있다. 전하고자 하는 메시지가 더욱 강조될 뿐만 아니라 강사 의 말에 신뢰도를 높일 수 있다. 청중은 강사의 열 마디 백 마디 말 보다 유명 인사의 말 한마디를 더 신뢰하는 경향이 있다. 예를 들어 '세계적인 경영학의 대가 피터 드러커 교수가 말하기를, 21세기는 무한경쟁 시대요, 지식기반 사회라고 했습니다'라고 말하면, 같은 말이라도 더 권위 있게 들린다. 피터 드러커 교수가 했다고 하니 반론의 여지가 없어진다. 유명 인사의 말을 인용하는 방법은 전하고자 하는 메시지를 더욱 강조하는 효과가 있으므로 적절하게 활용하기 바란다.

둘째, 음악이나 동영상 또는 슬라이드 쇼를 활용하면 청중의 가슴을 뜨겁게 달구는 데 매우 효과적이다. 영화나 드라마에서는 클라이맥스에 도달했을 때 배경 음악이나 효과음을 넣어줌으로써 시청자의 감정을 최고조로 끌어올린다. 마찬가지로 가장 핵심적인 메시지를 전할 때 이런 멀티미디어를 활용하면 감성을 자극하여 아주 인상적인 마무리를 할 수 있다.

셋째, 잘 짜인 시나리오로 자신감 있게 전하는 것이 중요하다. 핵심적인 메시지는 너무 길면 그 효과가 반감된다. 따라서 함축성 있게, 짧고 간결하게, 힘 있게 전달하기 위해서는 미리 시나리오를 잘 짜야 한다. 그렇게 짜인 시나리오로 충분한 리허설을 해야 눈빛에서부터 자신감이 넘쳐흐른다. 버벅거리거나 망설이면 그만큼 확신이나 감동이 줄어든다. 메시지를 전달할 때는 강력한 눈 맞춤과 쉼(Pause) 기법 등의 비언어를 병행하면 더욱 좋다. 특히 쉼 기법은 강의가 절정에 달했을 때 매우 유용한 기법이므로 반드시 활용하길 권한다. 한 박자 늦추면 열 배 이상 강조할 수 있다.

상위 1% 명강사의 비밀 노트 5

- 선생님이나 교수님의 자세보다 TV 아나운서의 자세를 배워라.

- 성우의 연기처럼 음성에 고저장단과 운율을 가미하라.

- 제스처를 적절히 사용하여 말에 힘을 실어주고 메시지를 강조하라.

- 적절한 시선 처리를 통해 청중과 충분히 교감하라.

- 청중과 청중의 니즈를 철저하게 분석하라.

- 강의 제목이나 목차만 봐도 듣고 싶도록 만들어라.

- 강의하고자 하는 내용을 세 개의 핵심 메시지로 구성하라.

- 강의 시작 5분 이내에 오프닝을 장악하라.

- 시간 관리는 생명이다. 정해진 시간을 준수하라.

- 인상적인 마무리로 청중의 뇌리에 강한 인상을 남겨라.

이제는 당신 차례다

절망감에 휩싸여 있던 내 인생에 한 줄기 빛으로 다가온 것이 바로 강사라는 직업이다. 강의는 내 인생의 터닝 포인트가 되어주었다. 처음에는 과연 내가 해낼 수 있을지 반신반의하며 시작했다. 하지만 강의를 통해 기적을 만들었고 인생이 바뀌었다. 상황이 바뀐 지금, 많은 사람들이 내게 도움을 요청하고 있다.

"사내강사를 하고 있는데 내가 강의만 하면 다 딴짓을 합니다."
"강의 업계에 입문하고 싶은데 어떻게 준비해야 할지 모르겠습니다."

"책을 쓴 저자인데 초청 강연을 어떻게 하면 될까요?"

"강의는 시작했는데 강의 만족도가 높지 않아 고민입니다."

"강의한 지 꽤 됐는데 아직 수입이 보잘것없습니다."

"퇴직을 앞두고 있는데 인생 2막을 멋지게 시작하고 싶습니다."

"평생 집안일만 했던 가정주부인데 과연 강사가 될 수 있을까요?"

이런저런 사연으로 내게 도움을 요청한 분들에게 일일이 답하는 대신 이 책을 썼다. 부족하지만 방방곡곡을 다니며 터득한 경험과 비법을 여러분과 함께 나누는 기회를 만들고 싶었다. 이 책에 나오는 비법을 강의에 활용한다면 틀림없이 좋은 결과가 있을 것이라고 확신한다.

사내강사! 강의 스킬을 확 끌어올릴 수 있는 기회다

〈사내강사 양성과정〉을 운영하면서 이런 질문을 자주 들었다.

"청중이 강의에 몰입하게 하려면 어떻게 해야 할까요? 청중이 지루하지 않게 하는 방법이 없을까요? 강의를 재미있게 하는 비법이 뭔가요? 청중 스스로 느끼면서 깨우치게 하는 방법은 없을까요? 청중의 뇌리에 박혀 오랫동안 기억에 남는 강의를 하는 방법은 없을까요?"

이 책이 그런 고민을 해결해줄 것이다. 독자 여러분의 강의 스킬을 획기적으로 업그레이드시켜줄 것이다. 청중과 동료 직원들이 여러분을 바라보는 눈이 달라지리라 확신한다. 탁월한 전문 강사로 인정받게 될 것이다. 자신의 가치와 브랜드를 창출하는 기회를 얻을 것이다. 이 얼마나 가슴 뛰는 일인가?

책의 저자! 내 책에 날개를 달 수 있는 기회다

책을 출간하고 나면 저자를 초빙해서 강연을 하는 경우가 많다. 이때 책의 내용은 물론 강연까지 훌륭하게 해내면 저자의 가치는 더욱 높아진다. 그럴 경우 여기저기에서 강연 요청을 받게 된다. 그런데 책의 내용은 좋은데 실망스러운 강연으로 자신의 가치를 극대화할 수 있는 기회를 날려버리는 경우가 종종 있다. 저분이 과연 이 책을 쓴 저자가 맞나 싶을 정도로 기대에 못 미치는 강의를 하는 경우도 상당수 있다.

핵심 메시지가 뭔지 알 수 없을 정도로 횡설수설하는 경우, 청중과 눈 한 번 마주치지 않고 시선이 슬라이드에 머물러 있는 경우, 목소리가 기어들어가는 듯해서 도무지 자신감이 없어 보이는 경우, 강의 시작 몇 분 지나지 않아 청중이 딴짓을 하고 지루해하고 졸음을 억지로 참아야 하는 경우, 청중의 일부는 일찍 자리를 뜨거나 마지못해 자리를 지키고 있는 경우 등등.

이 책이 그런 문제를 해결해주리라 확신한다. 특히 처음 하는 출판기념 강연이 가장 중요한데 그 강연을 성공적으로 마칠 수 있게 도와줄 것이다. 출판기념 강연 등은 보통 세 가지 목적을 가진다.

첫째, 내 브랜드를 홍보하기 위해.

둘째, 내 책을 사고 싶은 마음이 들도록 하기 위해.

셋째, 강의 수주를 위해(상황에 따라서는 특정 상품에 대한 계약을 따내기 위해).

그러나 강의를 망쳐버리면 위 세 가지 중 어느 하나도 이루기 어렵다. 자신의 브랜드 홍보에 실패하고 책 판매까지 지지부진하다면 큰 낭패가 아닐 수 없다. 물론 유명 작가가 쓴 책은 강의를 잘하는지의 여부와 큰 상관이 없다. 아마도 이 책을 읽는 독자 여러분은 자신이 무명의 저자라는 사실을 인정해야 한다.

이제 저자의 강의 역량은 선택이 아니라 필수 항목이다. 전문 강사처럼 아주 유창한 정도는 아니라도 위의 세 가지 목적을 달성할 수 있는 수준까지는 강의 역량을 끌어올려야 한다. 그래야 자신의 브랜드 홍보도 하고, 책 판매 부수도 늘리고, 강의할 수 있는 기회도 늘어난다. 나의 인지도와 내 책에 날개를 달 수 있다.

준비가 되어 있는 저자만이 그 기회를 잡을 수 있다. 출판 계약이 이루어지는 그 순간부터 저자 강연회를 미리 준비해야 한다.

초보 강사! 또 부르고 싶은 인기 강사가 될 기회다

당신이 초보 강사라면 이런 고민을 하고 있을지도 모르겠다.

"강의를 불러주는 업체가 없다. 한 번 강의하고 나면 다시 안 부른다. 강의 스킬이 늘지 않는다. 수입이 형편없다. 앞으로 나아질 기미가 보이지 않는다" 등.

결코 절망하거나 주저앉지 말기 바란다. 인생은 실패할 때 끝나는 것이 아니라 포기할 때 끝난다. 이 책의 자간과 행간을 깊이 음미하라. 지금 고민 중인 문제를 해결할 수 있는 길이 보일 것이다. 인기 강사가 될 수 있도록 도와줄 것이다.

강의 업계에는 명품 강사가 있는가 하면 무늬만 강사인 분도 많다. 예를 들어 어떤 요리 재료가 있다고 치자. 그런데 A가 요리를 하면 10만 원짜리 명품 요리가 되고, B가 요리를 하면 5000원짜리 음식이 된다. 같은 재료인데도 다른 결과가 나왔다는 점에 주목해야 한다. 이처럼 여러 유형의 요리사가 있듯이 강사도 마찬가지다.

내가 〈강사양성 아카데미〉를 운영하면서 늘 강조하는 말이 있다. 처음부터 '제대로 된 훈련'을 해서 강사로서의 가치를 올려야한다는 것이다. 그래야 여기저기서 불러주는 강사, 즉 인기 강사가된다. 단순하게 시간이 흘렀다고 해서 인기 강사가 되는 그런 기적은 일어나지 않는다. 이 책이 명품 강사가 될 수 있는 초석이 되어줄 것이다.

직업 강사! 연봉을 1억 넘게 확 끌어올릴 기회다

강의 업계에 입문한 지 10년이 넘은 분에게서 이런저런 고민을 들은 적이 있다.

"강의 만족도가 높지 않다. 불러주는 곳이 점점 준다. 수입도 신통치가 않다. 나아질 기미가 없다. 강의 업계에 계속 발을 담그고 있어야 할지 모르겠다" 등.

그분의 강의를 면밀히 진단해본 결과 복합적인 문제가 있었다. 적당주의식 강의, 구태의연한 강의 기법, 신선도가 떨어지는 콘텐츠, 자기계발에 대한 노력 부족, 알맹이 없는 약장수 같은 강의 등등. 이런 상태를 유지하는 한 그분에게 성장이나 발전을 기대하는 것은 무리라고 판단했다.

아인슈타인은 "같은 일을 반복하면서 다른 결과가 나오기를 기대하는 것은 정신병자와 다름없다"라고 말했다. 여러분도 만일 그런 증상이 있다면 이 기회에 확 뜯어고쳐야 한다. 명강사가 되는 가장 좋은 방법은 그들을 직접 따라다니며 배우는 것이다. 제대로 따라하기만 해도 절반은 성공한 것이다. 성공한 사람을 모방하는 것은, 그의 노하우를 가장 빠른 시간 안에 배울 수 있는 가장 좋은 방법이다. 책을 통해 간접적으로 배우고 따르는 것도 차선책이 될 수 있다. 이 책에서 소개한 '상위 1% 명강사들만의 특급 비밀'을 장착한다면 원하는 결과를 얻으리라 확신한다.

명예퇴직자! 행복한 인생 2막을 만끽할 기회다

정년이 법으로 보장되어 있다고는 하지만, 민간 기업의 경우 50대 초반이면 거리로 내몰리는 것이 현실이다. 이제는 40대 은퇴조차 낯설지 않은 시대가 되었다. 이들은 한창 일할 나이임에도 불구하고 뭔가 새롭게 일을 시작하기 힘들어 한다. 취직을 하고 싶지만 나이가 많아 외면당한다. 장사를 하고 싶지만 모아둔 자본이 없다. 막일이라도 하고 싶지만 체력이 안 따른다. 살아온 날보다 살아갈 날이 많은데 걱정이 태산이다. 바로 내가 그랬다.

100세 시대를 살아가는 우리에게 강의는 은퇴 후의 대안이 될 수 있다. 그 근거는,

첫째, 초기 자본이 거의 들지 않는다.

둘째, 정년이 없다.

셋째, 공부하면서 돈을 벌 수 있다.

넷째, 보람과 자부심을 느낄 수 있다.

다섯째, 지방에 갈 때는 부부가 여행도 즐길 수 있다.

은퇴 후 50년을 더 살아야 하는 현실을 감안하면 강사라는 직업, 얼마나 매력적인가!

무슨 강의를 할지는 걱정하지 않아도 된다. 내 삶의 모든 경험이 소재다. 한평생 살아오며 터득한 지식, 경험, 노하우, 지혜 등을 정리하면 된다. 나름대로 자신 있는 분야를 선택해서 집중적으로 연

구하고 거기에 삶의 지혜까지 녹아들어 있다면 어느 전문가 부럽지 않은 훌륭한 강사가 될 수 있다. 쉰 넘어 시작한 나도 해냈다. 이 책을 통해 강사로 인생 2막을 멋지게 꾸며 보겠다는 꿈을 키워보기 바란다.

가정주부! 존경스러운 엄마로 변신할 기회다

내가 아는 어떤 주부는 강사를 해보라는 권유를 받고 '강의는 내 적성이 아니다'라며 손사래를 쳤었다. 대중 앞에 서본 적도 없고, 강의할 만한 지식이나 소재도 없고, 책 한 권도 안 읽는 사람이 무슨 강의를 할 수 있느냐고 했다. 그랬던 그분이 지금은 강사라는 직업의 매력에 푹 빠져 강사의 길을 걷고 있다. 일주일에 두세 번 정도 강의를 하는데 대기업의 과장급 수입을 올리고 있다. 게다가 남편과 아이들이 그분을 바라보는 눈빛이 완전히 달라졌다. 존경의 눈빛 그 자체라고 할 수 있다.

많은 주부들이 돈을 벌고 싶지만 마땅한 일거리가 없다. 이런 현실에서 강사가 될 수 있다면 큰 축복이요 소중한 기회다. 강사는 돈도 벌면서 존경까지 받는 직업이다. 예전에는 남편과 아이들을 위해 살았다면, 이제는 자신의 인생을 찾아야 한다. 출산과 육아 등 집안일에 구애받지 않고 원하는 시간만큼만 일할 수 있다. 과거 경력이나 전문 분야를 살린다면 경력이 단절된 여성도 새로 시작할 수 있는 직업이다. 많은 여성들이 강의할 분야가 없다고 고민한다. 하지만 그것은 쓸데없는 걱정이다. 어떤 분야든 틈새시장이 있다. 관심을 갖고 찾아보면 강의할 곳도 많고 강의할 주제도 널려 있다. 강의를 통해 새로운 인생 2막을 열어보라. 존경스러운 엄마로 변신할 수 있는 기회를 잡아보라.

오늘 이 순간을, 인생의 전환점으로 만들어보라!

명품강사 양성과정

강의기법 마스터과정 (3일)

대한민국 명강사 경진대회 그랑프리 수상자의 핵심 강의 비법
대한민국을 대표하는 국가대표급 강사양성과정

모든 수강생이 격찬한 생동감 넘치는 강의 기법

❖ **이런 분들께 특히 도움이 됩니다**
- 강의 기법을 체계적으로 배우고 싶다
- 교육 만족도를 확 끌어올리고 싶다
- 수강생이 지루해한다, 꾸벅꾸벅 졸고 있다, 딴짓을 한다
- 교육장 분위기가 가라앉아 있다, 수강생이 너무나 수동적이다
- 수강생이 핵심 메시지를 기억하지 못한다

❖ **명품강사 양성과정의 특징**
- 학습에 대해 동기를 유발시키는 방법을 알게 된다
- 수강생의 참여와 몰입을 이끌어낼 수 있게 된다
- 핵심 메시지를 분명하게 기억하게 해준다

❖ **명품강사 양성과정 교육대상자**
- 사내강사
- 인력개발업무(HRD) 담당자
- 프레젠테이션을 하는 모든 사람
- 산업교육계 모든 강사(경력 무관)
- 세미나의 연사
- 예비 강사 또는 초보 강사
- 저서 출간 후 강사를 준비하는 사람

❖ **교육 기간:** 3일(사내강사 양성과정은 협의 조정)

프로그램 문의
- 이메일 : omydream@naver.com
- 카　페 : 강사양성아카데미
- 블로그 : 신동국의 명강의플러스

프로강사 입문스쿨

프로강사가 되기 위한 하드 트레이닝 과정 (8주)

**이정표조차 전혀 없는 낯설고 험준한 산도
가이드를 따라 가면 쉽게 정상에 오릅니다**

당신의 강의업계 입문과 홀로서기를 도와드립니다

❖ **이런 분들께 특히 도움이 됩니다**
- 자생력을 키우고 싶다, 홀로서기를 하고 싶다
- 어디서부터 무엇을 어떻게 준비해야 하는지 알고 싶다
- 교육시장에 나를 어떻게 알릴지 모르겠다
- 콘텐츠를 개발하려면 어떻게 하는 게 좋은지 알고 싶다

❖ **프로강사 입문스쿨의 특징**
- 매주 과제부여 방식의 하드 트레이닝
- 동기부여, 강의 진로탐색, 강의분야 및 주제 코칭, 독서훈련
- 콘텐츠 개발 코칭, 프로필 코칭, 제안서 코칭, 마케팅 코칭
- 시범강의를 통한 강의 클리닉

❖ **이런 분만 수강이 가능합니다**
- 땀과 열정과 에너지를 쏟아부을 각오가 되어 있는 사람
- 매주 부여되는 과제를 성실히 수행할 의지가 있는 사람

❖ **프로강사 입문스쿨 교육대상자**
- 예비 강사 또는 초보 강사
- 강사로서 홀로서기를 하고 싶은 사람

❖ **교육 기간** : 8주(주1회)
❖ **교육 인원** : 소수정예

**프로그램
문의**
- 이메일 : omydream@naver.com
- 카　페 : 강사양성아카데미
- 블로그 : 신동국의 명강의플러스